staying strong

staying strong

Le parole che mi hanno dato la forza

Demi Lovato

MONDADORI

Book design by April Ward

Traduzione di Teresa Albanese

www.librimondadori.it

Staying Strong
di Demi Lovato

ISBN 978-88-04-64170-4

Titolo dell'opera originale
Staying Strong. 365 Days a Year
I edizione aprile 2014
Anno 2014 - Ristampa 2 3 4 5 6 7

Ai miei fan

Un'introduzione di
KATIE COURIC

La prima volta che ho incontrato Demi, nell'estate del 2012, abbiamo fatto colazione insieme al London Hotel. Era all'apice della carriera. *Skyscraper* era una hit, *Give Your Heart a Break* stava scalando le classifiche (sarebbe arrivata al primo posto), e pochi mesi dopo Demi sarebbe stata nominata giudice di "X Factor USA" al fianco di Simon Cowell e Britney Spears.

Una ragazza come lei, che aveva appena compiuto vent'anni e si era fatta un nome come reginetta Disney, sembrava più saggia delle ragazze della sua età. Eppure aveva incontrato più di un ostacolo nella sua strada verso il successo. Demi mi ha raccontato le sue battaglie personali, compresa quella contro l'anoressia e la bulimia, il bullismo, l'autolesionismo e il disturbo bipolare, e come queste difficoltà avessero rischiato di far deragliare la sua carriera.

Come madre di due figlie, ero grata a Demi perché partiva dalle sue esperienze dolorose per parlare con onestà alle ragazzine del fatto che la celebrità non sempre ti protegge dall'insicurezza e dalla scarsa autostima. Alzando lo scintillante sipario della fama e mostrando il suo lato fin troppo umano, sono certa che Demi abbia fatto sentire meno sole tantissime giovani donne con problemi simili ai suoi.

Poco dopo il nostro primo incontro, ho invitato Demi nel mio talk show. Come previsto, si è messa in luce per il suo carisma e per la sua generosità. La sua disponibilità a parlare in pubblico mi ha incoraggiato a raccontare la mia personale esperienza riguardo a un disturbo alimentare di cui ho sofferto all'età di vent'anni, un argomento di cui non avevo mai parlato prima. La sincerità di Demi mi ha spronato a essere a mia volta sincera relativamente al mio passato.

Demi ha un rapporto davvero unico con i suoi fan. Loro la adorano e lei ricambia il loro affetto. Ha insegnato a tutti noi che dobbiamo dare una tregua ai nostri cuori se ci sentiamo giù, e prenderci il tempo di goderci il panorama dalla vetta del grattacielo quando il morale è alto.

Che abbiate sedici anni o, come nel mio caso, cinquantasei, imparerete comunque qualcosa dal percorso di Demi e dai suoi consigli, e finirete per volerle ancora più bene.

staying strong

Caro lettore,

nella mia vita ho attraversato esperienze di tutti i tipi, e affrontato problemi che vanno dalla droga alla depressione, senza mai smettere di impegnarmi nella ricerca dell'autoconsapevolezza e della felicità. Ci saranno sempre alti e bassi, cuori spezzati e vittorie, e tutti gli stati d'animo intermedi. A volte, però, poche semplici parole possono fare una gran differenza, possono offrire conforto e ispirazione.

Ogni giorno medito e prego per entrare in contatto con la mia forza interiore. Non importa quanti anni hai, da dove vieni, qual è la tua razza o la tua religione: è fondamentale avere una forza interiore e più grande di te su cui contare in caso di bisogno. Per me questa forza è Dio, ma per te può essere qualsiasi cosa in cui credi, l'universo, il karma, ecc. Anche se talvolta può risultare difficile, è importante avere qualcosa che ci motiva, ci stimola e ci aiuta a vedere il lato buono delle cose e a continuare ad andare avanti.

Questo libro è una raccolta dei miei pensieri, delle citazioni che mi ispirano, insieme ad alcune lezioni, meditazioni, riflessioni e piccoli compiti quotidiani. Mi hanno aiutato davvero moltissimo, ed è un regalo speciale e personale che voglio condividere con tutti voi.

Qualunque sia la vostra vita, per favore, leggete queste parole e sappiate che io per voi ci sarò sempre. Siate forti e coraggiosi, amate più che potete, e non avrete nulla da perdere.

Con amore,

Demi

Gennaio

1° Gennaio

Hai fatto di me una meraviglia stupenda.

Qualche tempo fa, ho deciso che avevo bisogno di un mantra tutto per me. Qualcosa di personale e significativo da poter recitare a me stessa per consolarmi e coprirmi di amore, e al tempo stesso vivere intensamente il momento presente. La Bibbia dice: "Hai fatto di me una meraviglia stupenda", ed è questa la frase che mi ripeto ogni giorno. Dire a me stessa che sono perfetta così come sono, e che non ho bisogno di niente al di là di quello che ho dentro, mi aiuta davvero a trovare la pace.

Compito In questo nuovo anno, trovate un mantra che faccia per voi. Ripetetelo ogni giorno davanti allo specchio.

2 Gennaio

La nostra meta non è mai un luogo,
ma un nuovo modo di vedere le cose.

HENRY MILLER

Per me è stata una grande fortuna poter viaggiare tanto negli ultimi anni. Una delle scoperte più significative che ho fatto viaggiando è che diamo troppe cose per scontate. Ho visto quartieri poveri in cui le persone giravano senza scarpe o senza cappotto nonostante il freddo pungente. Sono stata in posti in cui le persone fanno lavori che logorano il fisico per guadagnare pochi spiccioli. Questo mi ha insegnato a considerare prezioso ogni essere umano sul pianeta e a non dare per scontato il mio mestiere.

Compito Siate aperti al mondo e prendetevi un giorno (o una settimana) per visitare un posto che non avete mai visto. Se non potete permettervi di andare in ferie, visitate un quartiere della vostra città in cui non siete mai stati. Provate gratitudine per tutto quello che avete.

3 Gennaio

Ogni vita ha uno scopo. Se raccontate la vostra storia, forse aiuterete qualcuno a trovare il suo.

I problemi che mi sono trovata ad affrontare sono ancora dei tabù, e questa è la ragione che mi ha spinto a raccontare con sincerità le mie battaglie personali. L'autolesionismo, i disordini alimentari, la tossicodipendenza e i disturbi dell'umore sono problemi che in genere le persone tengono per sé. Eppure, è importante che qualcuno inizi a parlarne, così chi sta affrontando gli stessi problemi capirà che può trovare aiuto. Il mio compito è essere un raggio di speranza per tutte quelle ragazzine che non hanno alcun punto di riferimento.

Compito Aiutate tutti quelli che ancora non riescono a stare in piedi da soli. Cercate di sostenerli e di trasmettergli la vostra forza.

4 Gennaio

La vita può essere difficile, ma affrontare il dolore è sempre utile. È meglio provare emozioni dolorose che non avere sentimenti.

Ho pensato a questa frase durante il funerale di mio padre, e mi ha aiutato a superare quel momento. Ero in preda a una vera e propria tempesta emotiva. In passato mi sarei ubriacata, o avrei smesso di mangiare, oppure avrei fatto ricorso a qualsiasi mezzo per evitare di soffrire così tanto. Le persone spesso scelgono di lenire il dolore con l'uso di sostanze chimiche, ma è più coraggioso attraversare il fuoco con gli occhi bene aperti. Invece di anestetizzarmi con la droga, concedo a me stessa di vivere ogni emozione. È stato un momento molto difficile, ma provare tristezza e disperazione mi ha dato modo di onorare la vita di mio padre. E di cominciare a guarire in modo salutare e onesto.

Compito Concedetevi di vivere l'emozione che state reprimendo. Chiamate un amico, non abbiate paura di apparire vulnerabili e sfogatevi con lui.

5 Gennaio

Al mondo ci sono tante persone splendide e piene di talento. Non lasciate che qualcosa vi impedisca di sviluppare le vostre potenzialità.

Nella mia vita ho incontrato tantissime persone che mi dicevano che non sarei mai riuscita a fare una certa cosa. Queste persone vogliono solo provocarvi, e voi dovete impedire loro di scoraggiarvi. Gli amici veri ti sostengono e credono in te. Non permettete a nessuno di dirvi che non potete vivere il vostro sogno, perché se non credete in voi stessi nessun altro lo farà.

Compito Pensate a una cosa che finora non avete osato fare e iniziate a farla oggi. Siate audaci.

6 Gennaio

Confessa a te stesso le tue paure più profonde. Così, la paura non avrà più potere.

JIM MORRISON

Quando ero piccola, avevo una paura tremenda di vomitare e poi sono diventata bulimica. Inconsciamente stavo vivendo la mia paura più grande. Odiavo vomitare a tal punto che mi provocavo il vomito io stessa.

Compito Non dovete vivere le vostre paure, ma abbandonarle. Cercate di ricordare che ogni difficoltà e ogni esperienza nella vita hanno uno scopo.

7 Gennaio

Cambiare il pensiero per cambiare la vita.

LAO TZE

Mentre lottavo contro la depressione, ricordo di aver sentito questa frase e di non averla capita. Quando ho deciso di metterla in pratica, mi si è aperto un mondo. Provate a trasformare i pensieri negativi su voi stessi in pensieri positivi e di autostima. Se avete una visione positiva di voi stessi e di ciò che vi circonda, inizierete a vedere il mondo sotto una luce completamente diversa. La vostra vita è ciò che *voi* decidete di farne.

Compito Prestate attenzione al colore dei vostri pensieri.

8 Gennaio

L'amore è tutto ciò che ti serve.

THE BEATLES, *All You Need Is Love*

Questa semplice frase contiene una verità fortissima. Più di qualsiasi altra cosa, l'amore risolve tutto. Spesso nella vita mi sono sentita persa e disperata, ma ogni volta che ritrovo l'amore che provo per i miei amici, la mia famiglia e la mia stessa vita, mi sento in pace.

Compito Se volete bene a qualcuno, fateglielo sapere. Gridatelo ai quattro venti, cucinategli una torta, scrivetegli una lettera o fategli un ritratto. Non fatelo sentire trascurato quando avete tanto da offrire.

9 Gennaio

State con chi desidera la vostra compagnia ed evitate chi non l'apprezza. Circondatevi di persone e situazioni positive.

Non perdete tempo con persone che non vi apprezzano o non vi considerano per ciò che avete da offrire. Conosco tante ragazze che continuano ad andare dietro a ragazzi pensando di poterli cambiare oppure che si ostinano a seguire amiche che non hanno a cuore i loro interessi: non è una buona idea. Una delle chiavi per una relazione o un'amicizia duratura è il rispetto reciproco.

Compito Non perdete tempo a inseguire una persona che vi ha detto di non volervi tra i piedi. Valutate tutti i vostri rapporti ed eliminate quelli negativi.

10 Gennaio

Non rinnegate le vostre emozioni. Vivetele.

Un tempo rifuggivo dalle mie emozioni, soprattutto quando provavo qualcosa di sconvolgente, doloroso o imbarazzante. Ma con il passare del tempo ho imparato ad accettarle tutte. So che, se voglio superarle, devo prima di tutto viverle. Fanno parte di me, e in questo senso sono significative e preziose.

Compito Scegliete un'emozione di cui avete paura o di cui vi vergognate. Nel provare timore, rabbia o tristezza non c'è niente di male, a patto di non lasciarvi ingabbiare da queste emozioni. Accettatele e ricordatevi che sono preziose.

11 Gennaio

Hai un cervello nella testa.
Hai i piedi nelle scarpe.
Puoi puntare nella direzione che vuoi.

DOTTOR SEUSS

Tutto ciò che vi serve per vivere la vita che avete sempre sognato è dentro di voi. Prendete tutto quello che avete vissuto e imparato, e create la vostra realtà. La cosa bella della vita è che se non vi piace il momento che state attraversando, c'è sempre un nuovo giorno per ricominciare da capo.

Compito Prendete decisioni intelligenti e meditate. Incoraggiatevi a fare oggi le scelte per il futuro.

12 Gennaio

I sogni son desideri.

Cenerentola

Per quanto suoni banale, è uno dei messaggi più profondi che ci abbia lasciato una favola Disney. Possiamo crescere e diventare la persona che vogliamo e dove vogliamo. Se avete un obiettivo, cercate di perseguirlo con tutti voi stessi. Niente è impossibile.

Compito Esprimete un desiderio e inseguite ogni vostro sogno. Solo voi potete raggiungere gli obiettivi che vi siete prefissati. Nessun altro può farlo al vostro posto.

13 Gennaio

Diventate i migliori amici di voi stessi.

Negli anni ho dovuto imparare a diventare la mia migliore amica. Ho passato tante notti a piangere, sentendomi triste e sola ogni volta che qualcuno mi spezzava il cuore. Con il passare del tempo ho capito che dovevo imparare a farmi forza e a superare il dolore. È un processo graduale, e sto ancora imparando, ma adesso va molto meglio di prima. E posso dire, con tutto il cuore, di essere la migliore amica di me stessa.

Compito Amatevi e trattate voi stessi come fareste con il vostro amico del cuore. Meritate lo stesso amore che riservate agli altri.

14 Gennaio

Non è importante ciò che si è alla nascita, ma ciò che si diventa.

J.K. ROWLING

Ogni storia ha un inizio diverso. Le nostre vite partono da condizioni diverse, ma se dedichiamo cuore e mente alla nostra più grande passione, niente ci potrà fermare. Il successo e il riconoscimento sono la misura dell'impegno che ci abbiamo messo.

Compito Siate orgogliosi di quello che siete e del luogo da cui venite. Guardate avanti verso ciò che volete diventare e alla vita che volete avere.

15 Gennaio

Mia mamma diceva sempre: se non puoi trovare qualcosa per cui vivere, trova almeno qualcosa per cui morire.

TUPAC

Ognuno di noi ha uno scopo su questo splendido pianeta. Ciò che facciamo delle nostre vite e il modo in cui cerchiamo di realizzare questo scopo dipende da noi. È importante credere in qualcosa che possa illuminare la vostra vita e mettervi in contatto con il vostro obiettivo.

Compito Trovate qualcosa che vi spinge a svegliarvi al mattino, e continuate a coltivarla. Impegnatevi per cercare di realizzare ciò in cui credete.

16 Gennaio

Quando avete voglia di lamentarvi, mettetevi nei panni di qualcun altro.

È così facile restare invischiati nel proprio mondo e lasciarsi logorare dalle esperienze dolorose. Di solito è difficile rendersene conto perché ci siamo immersi fino al collo. Tutto ciò può essere pericoloso, perché ci porta a perdere il contatto con la realtà. Non dovete negare le vostre emozioni o le vostre difficoltà, ma ricordatevi che qualcuno nel mondo ha problemi ben più gravi.

Compito Mettete le cose nella giusta prospettiva facendo del volontariato. Fate una lista di dieci-quindici cose o persone che vi sentite grati di avere nella vostra vita, più o meno importanti che siano.

17 Gennaio

Nessuno può farvi sentire inferiori senza il vostro consenso.

ELEANOR ROOSEVELT

Ci sono persone che tenteranno di imporvi le loro idee su come affrontare la vita. Spetta a voi scegliere come reagire. Nel momento in cui lascerete che altre persone prendano decisioni al vostro posto, avrete rinunciato alla vostra dignità. Ma potrete sempre riconquistarla facendo appello alla vostra grande forza interiore.

Compito Non lasciate che nessuno vi sfrutti o vi manipoli. Ricordatevi che avete diritto alla vita e all'amore che meritate.

18 Gennaio

Sono convinta che tutto accada per un motivo.

Non credo nelle coincidenze. Penso che le cose vadano come devono andare. Se analizzate e valutate seriamente ogni esperienza che avete vissuto, capirete che è stata il risultato diretto delle vostre azioni e dei vostri pensieri.

Compito Non combattete e non respingete gli eventi inattesi. Nel tempo capirete che in qualche modo hanno migliorato la vostra vita.

19 Gennaio

Il modo più normale per perdere il potere è pensare di non averne.

ALICE WALKER

Se lasciate che le persone vi sminuiscano e dicano che non avete niente da offrire, gliela state dando vinta. In pratica vi sottomettete, concedendo loro il permesso di fare quello che vogliono. Nessuno ha il diritto di sottrarvi il vostro potere: è vostro e solo vostro.

Compito Usate la voce che vi è stata data. Urlate a pieni polmoni quello in cui credete. Non fatevi ridurre al silenzio da nessuno.

20 Gennaio

Solo voi potete sapere cosa è giusto per voi, quindi seguite l'istinto.

Ascoltate quella vocina dentro di voi, come se a parlarvi fosse un genitore affettuoso o un buon amico. È la parte più autentica della vostra anima, la chiave della vostra felicità. A volte i pensieri, le paure o le altre persone fanno troppo rumore e non riusciamo più a sentire noi stessi. Fate il necessario per rimettervi in contatto con quella voce.

Compito Oggi seguite quello che vi dice il cuore.

21 Gennaio

Preoccuparsi non elimina i problemi dal futuro, ma la forza dal presente.

CORRIE TEN BOOM

A volte le persone sembrano credere che preoccuparsi serva a qualcosa. Invece le preoccupazioni risucchiano tutta l'energia e la gioia che mettete in ciò che fate. Preoccuparsi è parte della natura umana, ma se lo facciamo di continuo finiremo con il crearci altri problemi. Forse i pensieri ossessivi vi tengono impegnati, ma non vi faranno arrivare da nessuna parte.

Compito La prossima volta che siete assaliti da qualche preoccupazione, cercate di ricordarvi che non potete avere sempre tutto sotto controllo. Fate qualcosa di pratico, come calcolare un budget o organizzare la vostra agenda. Siate intraprendenti e sfogate lo stress. In fondo, non cambierà niente.

22 Gennaio

Non vergognatevi mai di ciò che sentite. Avete il diritto di provare qualsiasi emozione e di fare ciò che vi rende felici.

Non siamo robot. Ciò che ci rende eccezionali come esseri viventi è il fatto di avere la capacità di provare tante emozioni contemporaneamente. È incredibile quello che è in grado di fare il nostro corpo, anche se a volte può essere difficile da sopportare. In certi casi ho riso a forza di piangere oppure ho pianto a forza di ridere. Comunque, le emozioni non sono un segno di debolezza, ma di forza e passione.

Compito Guardate un film che vi fa ridere o ascoltate una canzone che vi fa piangere. Accettate le vostre emozioni e sentitevi orgogliosi di ciò che provate.

23 Gennaio

L'imperfezione è bellezza,
la pazzia è genialità, ed è meglio essere
molto ridicoli che molto noiosi.

MARILYN MONROE

Prima di andare in terapia non sapevo di essere bipolare. Solo a quel punto ho scoperto che tale disturbo è una malattia mentale. Non è una cosa che posso controllare, ed è per questo che ho dovuto cercare aiuto per curarla, e non me ne vergogno. Ognuno di noi ha la sua croce, che sia di poco conto o grave come un disturbo psicologico, ma se tenete presente che ognuno di noi ha i suoi problemi vi renderete conto che dobbiamo stare uniti e sostenerci a vicenda.

Compito Per quanto piccolo possa sembrare un problema, il mio consiglio è di trovare un aiuto per ciò che voi o un amico dovete affrontare. In seguito trovate qualche suggerimento.

24 Gennaio

I segreti ci fanno ammalare.

ANONIMO

I nostri segreti possono avvelenarci e non ce ne rendiamo nemmeno conto. Ho imparato a mie spese che tenermi dentro ogni cosa, e quindi nascondermi da me stessa, era in parte la ragione che mi spingeva a fare uso di alcol e droghe. Quando ho iniziato ad aprirmi, è cominciata anche la mia guarigione. Parlando con qualcuno ed esprimendo quello che sento, ho la possibilità di liberarmi dal peso dell'emozione che mi sta schiacciando.

Compito Raccontate una cosa che avete tenuto nascosta a un caro amico o a un membro della famiglia. Vedrete che dopo vi sentirete molto meglio.

25 Gennaio

Non cercare di diventare un uomo di successo, ma un uomo di valore.

ALBERT EINSTEIN

È facile farsi prendere dal desiderio del successo, della ricchezza e della celebrità. Se è questo il tipo di riconoscimento che cerchiamo nella vita, non durerà perché non è autentico. Noi siamo qui per dimostrare il nostro valore e per aiutare gli altri in modo unico e irripetibile. Il successo non definisce ciò che siamo. È solo un promemoria di quello che possiamo riuscire a fare.

Compito Pensate a ciò che conta per voi e assicuratevi di agire in base a giuste ragioni e non per compiacere il vostro ego. Assicuratevi che le vostre intenzioni siano salutari per voi.

26 Gennaio

Provate a canticchiar, un semplice motivo sempre allegri vi terrà.

Biancaneve

A volte la cosa migliore che potete fare è dedicarvi a quello che vi piace. Ritagliatevi il tempo che vi serve e trovate qualcosa che vi dia gioia. Per me questo qualcosa è la musica. Quando canto o suono riesco a liberarmi dalle difficoltà contro cui sto lottando. Se la vostra passione è fare sport, andate fuori a giocare! Se state lavorando troppo, provate con lo yoga o la meditazione. Ciò che conta è prenderci cura di noi stessi.

Compito Oggi cantate a squarciagola. Ridete o ballate come pazzi. Regalatevi qualsiasi cosa vi renda felici. Ve la meritate proprio!

27 Gennaio

Imparate dal passato e condividete con gli altri le vostre esperienze. Godetevi il presente e guardate al futuro.

C'è una differenza tra restare attaccati al passato e imparare da esso. Quel che è fatto è fatto, e mi sono resa conto che è importante non rimuginarci troppo sopra, perché ciò che è già successo non si può cambiare. Al tempo stesso, voglio ricordare il passato e imparare dai miei errori e dai miei successi. Anche il futuro mi esalta, ma alla fine della fiera tutto ciò che abbiamo è il momento presente, e dobbiamo apprezzarlo e rispettarlo.

Compito Oggi sforzatevi di vivere nel presente. Se vi sorprendete a rimuginare sul passato o a preoccuparvi del futuro ricordatevi che adesso siete esattamente dove dovete essere.

28 Gennaio

Io voglio invecchiare senza lifting. Voglio avere il coraggio di essere fedele al viso che mi appartiene.

MARILYN MONROE

Non è sempre facile sentirci a proprio agio o orgogliose del corpo che abitiamo. Ci sono giorni in cui abbiamo una brutta pelle, i capelli che non stanno a posto, ci sentiamo grasse e non troviamo un look che funzioni. Chiunque si sente così di tanto in tanto. Dobbiamo avere il coraggio di amarci per come siamo.

Compito Scoprite quanto è rigenerante evitare di criticarsi. Invece di criticare parti del vostro corpo, ricordatevi quanto siete fortunati ad averle.

29 Gennaio

La religione è per le persone che hanno paura dell'inferno, la spiritualità per quelli che ci sono già stati e non vogliono tornarci.

ANONIMO

Camminare in punta di piedi cercando di non offendere le persone è tempo sprecato. È facile farci incastrare dalla necessità di compiacere gli altri, fino a dimenticare di essere noi stessi. Non sarete mai perfetti, né simpatici a tutti. È molto più gratificante e fruttuoso vivere la vostra vita e imparare dai vostri errori in modo da non ripeterli.

Compito Siate voi stessi e non permettete a nessuno di danneggiare la vostra autostima.

30 Gennaio

Pietre e bastoni ti rompono le ossa, ma le parole ti fanno venir voglia di morire.

ANONIMO

La gente dice che pietre e bastoni ti rompono le ossa, ma non c'è parola che farti male possa... però, questo è molto lontano dal vero. A volte le parole ci colpiscono più del dolore fisico. In passato mi sono state dette cose che continuano tuttora a farmi male. Ricordo di aver detto a mia madre che avrei tanto preferito essere picchiata o presa a pugni dalle ragazze più prepotenti, piuttosto di sentirmi dire cose crudeli, perché le loro parole hanno cambiato la mia vita per sempre.

Compito Difendete qualcuno che a scuola o al lavoro è vittima di bullismo. Ricordate a voi stessi e agli altri che le parole possono avere un grande potere. E quando parlate agli altri, scegliete le parole con attenzione.

31 Gennaio

Ogni grande sogno inizia da un sognatore. Ricordati sempre che hai dentro di te la forza, la pazienza e la passione per raggiungere le stelle e per cambiare il mondo.

HARRIET TUBMAN

Tutti dobbiamo iniziare da qualche parte ed è importante ricordare che la rotta dei nostri viaggi non è ancora stata tracciata. I sogni e le visioni evolveranno e si trasformeranno insieme a voi.

Compito Siate sognatori intrepidi... il mondo è nelle vostre mani. Scrivete le 5-10 cose principali che volete realizzare il mese prossimo. Non stancatevi mai di aspirare al meglio!

Febbraio

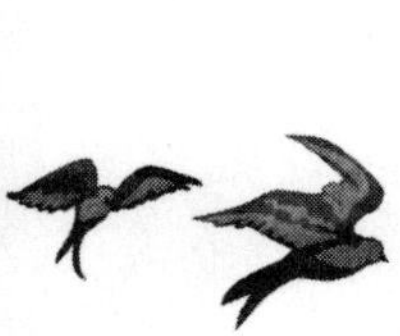

1° Febbraio

Quando mostriamo il nostro amore, il mondo spalanca le braccia per accoglierci.

Ci viene restituito quello che abbiamo dato al mondo. Se buttiamo fuori energia positiva, riceveremo positività. È incredibile come l'amore possa risolvere qualsiasi problema. Anche se le altre persone si comportano in modo velenoso, reagite con amore e compassione, e l'effetto sarà potente. Qualunque sia il risultato, saprete di poter dormire la notte consapevoli di aver fatto la cosa giusta, ed è tutto ciò che potete controllare.

Compito Oggi aprite il vostro cuore e mostrate al mondo quanto amore avete dentro. Abbracciate o fate sorridere quante più persone potete.

2 Febbraio

Alla stella schiudi il cuor con fiducia con amor e la stella su nel ciel t'ascolterà.

Pinocchio

L'unica cosa che conta è inseguire ciò che si ama. Finché rispettate i vostri desideri più sinceri, non c'è sogno che sia troppo grande. Anzi, più vi concederete di sognare in grande, più gioia attirerete nella vostra vita.

Compito Oggi concedetevi di pensare al sogno più mirabolante, e siate sereni perché il solo fatto di averlo pensato è un passo in più verso la sua realizzazione.

3 Febbraio

Il mio unico consiglio è tenere gli occhi bene aperti, ascoltare con attenzione e gridare aiuto se ne avete bisogno.

JUDY BLUME

Continuate a evolvervi, a crescere, a commettere errori, innamoratevi, fatevi spezzare il cuore, usate il dolore per crescere e ricominciate da capo. Ogni esperienza che viviamo ci aiuta a diventare più vivi, più completi e più gioiosi. Non lasciate che la paura o la vergogna vi frenino. Continuate ad andare avanti, continuate a vivere.

Compito Oggi affrontate una delle vostre paure. Cercate di ricordare un'esperienza difficile che avete superato e ciò che avete imparato in quell'occasione. In che modo vi ha reso più forti?

4 Febbraio

I problemi vanno presi di petto. Ed è meglio farlo subito!

Cerco di iniziare ogni giornata affrontando ciò che mi rende più ansiosa, perché così mi sento più forte e carica durante il resto della giornata. Quando le nostre preoccupazioni e le nostre ansie vengono messe a tacere, siamo liberi di dedicarci alle cose più piacevoli.

Compito Oggi portate a termine tutti gli impegni che avete in sospeso, di qualsiasi genere essi siano. Vi garantisco che vi sentirete più leggeri adesso, e forse per il resto della settimana.

5 *Febbraio*

Alla sera ospite è il pianto e al mattino la gioia.

SALMI 30:6

A volte abbiamo bisogno di piangere per poter godere della gioia più profonda. Nei momenti difficili, dovete concedervi di essere tristi. Lasciate scorrere le lacrime, sapendo che a un certo punto la tristezza passerà e vi accadrà qualcosa di meraviglioso.

Compito Se siete tristi, cercate di ricordare che senza dubbio arriverà la gioia. Tenete presente che l'ora più buia è quella che precede il sorgere del sole.

6 Febbraio

Penso che le cicatrici siano come ferite di guerra e che abbiano una loro bellezza. Mostrano quello che avete passato e la forza che avete dovuto tirare fuori per uscirne.

La cicatrice è il segno che avete vissuto qualcosa di profondo. Alcuni di noi hanno cicatrici fisiche, visibili; quando le guardiamo, ci ricordano il nostro percorso accidentato. In altri le cicatrici sono invisibili: simboli di una battaglia che abbiamo combattuto e vinto.

Compito Riflettete sul significato delle vostre cicatrici e su come vi hanno aiutato a migliorare la vostra vita.

7 Febbraio

Quando impariamo a comunicare, con l'aiuto degli altri riusciamo a risolvere quasi ogni problema.

Non esistono due persone identiche, per questo nella vita è difficile andare d'accordo. Ognuno di noi ha la propria storia complicata, che influenza il modo in cui vediamo noi stessi e il mondo che ci circonda. Un tempo mi sentivo esasperata e delusa quando non riuscivo a entrare in sintonia con qualcuno. Poi ho capito che la cosa importante nei rapporti umani non è essere d'accordo su tutto, ma imparare a parlare di ciò che ci divide.

Compito Discutete amorevolmente con un amico o un collega se qualcosa vi ha dato fastidio. Non nascondete gli aspetti che vi hanno irritato, ma cercate di trovare con calma un modo per appianare la situazione. Esprimete l'emozione che vi suscita il problema e suggerite una possibile soluzione per impedire che si ripresenti.

8 Febbraio

Solo chi corre il rischio di andare troppo lontano, ha qualche possibilità di scoprire fino a dove può spingersi.

T.S. ELIOT

Si impara a forza di sbagliare, avendo il coraggio di sfidare i propri limiti. È meglio provare e fallire che immaginare quello che sarebbe potuto accadere. I "se" possono essere devastanti.

Compito Se tenete veramente a una cosa, non abbiate esitazioni, cercate di scoprire quanto potete dare di voi stessi, quanto in là potete spingervi. Impegnatevi al massimo per avere oggi la vita che volete, in modo da non avere rimpianti in futuro. Che cosa potete fare ora per creare la vita che volete domani?

9 Febbraio

La vera ricchezza è la salute.

POETA ROMANO

Tutte le ricchezze del mondo non possono comprare la buona salute. Prendetevi cura di voi stessi e sentitevi fortunati. Siate riconoscenti per esservi svegliati stamattina, perché non tutti i giorni sono garantiti. Per così tanto tempo ho dato per scontata la salute concessami dal Signore da dimenticarmi quanto sono fortunata a essere viva oggi. Il nostro corpo è un tempio, trattatelo come tale.

Compito Oggi fate qualcosa di buono per il vostro fisico. Andate a correre o a camminare, oppure seguite una lezione di yoga. Ma, soprattutto, siate grati per la vita che vivete.

10 Febbraio

Non andate dove porta il sentiero,
piuttosto andate dove non ve ne sono
e tracciate voi la strada.

RALPH WALDO EMERSON

A volte seguire gli altri è la strada più facile e sicura. Ma se qualcuno non avesse esplorato nuovi territori e non avesse coltivato idee nuove, non avremmo nessuna delle meravigliose innovazioni di cui oggi possiamo godere. Se Thomas Edison non avesse creduto nel potere dell'elettricità, non avremmo la luce artificiale. Se Rosa Parks non avesse lottato per quello in cui credeva, non avrebbe incoraggiato altri a fare lo stesso. Abbiamo la possibilità di cambiare il mondo se rifiutiamo di dare ascolto alla voce che dice "non possiamo" o "non dovremmo".

Compito Uscite dai ranghi e iniziate un percorso tutto vostro... innovate. Pensate fuori dagli schemi. Tutto è possibile.

11 Febbraio

A volte la stessa emozione che ti spezza
il cuore è anche quella che te lo guarisce.

NICHOLAS SPARKS

Spesso, quando sto lottando contro il dolore per un lutto o la fine di una storia d'amore, perdo un sacco di tempo a cercare risposte che in realtà avevo sempre avuto dentro di me. Ascolto milioni di opinioni su come affrontare il problema, ma trascuro la parte più ovvia, ossia che la stessa cosa che mi sta facendo soffrire ha anche il potere di curarmi.

Compito Ricordatevi che non c'è sempre una soluzione immediata. Portate pazienza e chiedete aiuto e consiglio a una persona con maggiore esperienza di vita.

12 Febbraio

Cercate il bambino dentro ogni persona.

A volte quando mi sento delusa o offesa da qualcuno, mi sforzo di pensare che una volta è stato un bambino.

Chiudo gli occhi, lo immagino come doveva essere allora e, quando li riapro, sento solo un grande amore e una grande compassione. Qualsiasi cosa lo abbia spinto ad agire in quel modo non conta più; è la sua innocenza a prendere il sopravvento, e non ho altra scelta che provare rispetto.

Compito Cercate di cogliere le potenzialità di ognuno e abbiate compassione per i vostri nemici. Ricordatevi che non saprete mai cosa succede nel loro mondo interiore. È probabile che loro stessi soffrano per primi delle loro azioni.

13 Febbraio

Non aspettate,
il momento giusto non arriverà mai.

NAPOLEON HILL

A volte aspettiamo il momento giusto per fare qualcosa. Ho imparato che tutta questa attesa può solo rimandare la felicità. Molti momenti importanti della mia vita sono arrivati perché li ho cercati attivamente. Ciò non significa che a volte non possa accadere qualcosa di meraviglioso come per magia, perché è possibile, soprattutto se vi impegnate e pensate positivo. Ma a volte nella vita dobbiamo prendere in mano la situazione e correre dei rischi.

Compito Fate il primo importante passo verso qualcosa che avete sempre pensato di rimandare.

14 Febbraio

Ovunque tu vada, vacci con tutto il cuore.

CONFUCIO

Se ci lasciamo guidare dal cuore faremo sempre scelte sincere e autentiche, che saremo in grado di difendere. Credo che nel mondo ci sia bisogno di più persone che si lasciano guidare dal cuore e offrono amore senza condizioni o pretese. Se tutti ci impegniamo in ciò che ci appassiona, avremo più probabilità di realizzare i nostri obiettivi.

Compito Seguite l'intuito e ricordate che il vostro istinto non mente. Fidatevi della vostra anima e diffondete amore nel mondo.

15 Febbraio

Non cercare mai aiuto non fa di te una persona coraggiosa.

STRAYLIGHT RUN, *Sympathy for the Martyr*

Lo stress provocato da emozioni represse può causare danni più gravi di quanto pensiate. Non è mai facile cercare aiuto, ma vi esorto a farlo. Scrivete un messaggio, chiamate qualcuno, fate ciò che serve per mandare un SOS. C'è sempre chi ci può dare una mano, e le persone più coraggiose sono quelle che trovano la forza di chiedere aiuto.

Compito Trovate il coraggio di dire a qualcuno che avete bisogno di aiuto.

16 Febbraio

Se una persona ha pensieri gentili, questi
le illumineranno il viso come raggi di sole,
e apparirà sempre bella.

ROALD DAHL

Quando avete in mano la vostra vita e la vostra felicità, la gioia che emanate può essere contagiosa. Niente al mondo rende una persona più bella del fatto di irradiare felicità. Non si sa mai quanto un semplice sorriso o un "come stai?" detto a un amico possono cambiargli la giornata, o addirittura la vita.

Compito Sorridete e mostrate al mondo la vostra bellezza. Prestate attenzione alle emozioni delle persone che vi circondano e riflettete sull'impatto che potete avere su di loro.

17 Febbraio

Sono egoista, impaziente e un po' insicura. Commetto errori, perdo il controllo e a volte sono insopportabile. Ma se non siete in grado di sopportare il mio lato peggiore, certo non vi meritate di conoscere il mio lato migliore.

MARILYN MONROE

Chiunque vi voglia davvero bene, per voi ci sarà sempre. Il modo migliore di scoprire chi sono i veri amici è vedere chi vi sta vicino nei momenti di difficoltà e tristezza. Se riescono ad accettarvi quando siete a pezzi sicuramente vi meritano quando siete al massimo della forma. È davvero importante ricordarselo quando si tratta di decidere di quali persone circondarvi.

Compito Assicuratevi di essere il tipo di amico che vorreste nella vita. Esprimete la vostra riconoscenza alle persone che dimostrano di meritarvi.

18 Febbraio

La sicurezza nasce dalla bellezza.
La bellezza nasce dalla serenità interiore.

Sono stata a feste dove ho visto ragazze incantevoli nascondersi in un angolo, senza avere il coraggio di parlare con nessuno. Ho capito che si sentivano insicure. Forse non pensavano di essere abbastanza belle o di avere il look giusto, ma questo spegneva subito la loro luce interiore. Per me non c'è niente di più attraente di una persona che si sente a suo agio nella propria pelle.

Compito Scoprite cosa vi rende sicuri di voi. Ricordatevi quanto siete speciali e mostratelo con orgoglio!

19 Febbraio

Gli errori sono fantastiche occasioni per imparare, crescere e migliorare il nostro futuro.

È così facile mettersi in croce per errori che abbiamo commesso in passato. Gli sbagli sono parte della natura umana e della vita. Gli errori sono doni del cielo, occasioni per continuare a imparare e a crescere. Ma pur imparando dai vostri errori, non aspettatevi di non commetterne più. Sbaglierete ancora, e va bene così.

Compito Continuate a crescere e ad abbracciare ogni difficoltà come un'occasione per imparare qualcosa di nuovo e vi sorprenderete di quanto vi riuscirà facile superarla.

20 Febbraio

Se Dio mi fa vivere un'esperienza, significa che ne ho bisogno.

LIL WAYNE

A volte quando le cose si fanno davvero difficili e dolorose, non riusciamo a pensare ad altro che: "Perché mai devo sopportare tutto questo, me lo merito davvero?". Ma c'è un modo migliore di affrontare un momento difficile. Invece di fare resistenza, provate ad accettare la situazione e a pensare che c'è una ragione se è capitata a voi e non a qualcun altro. Se la affrontate con coraggio, diventerà parte del vostro percorso.

Compito La prossima volta che attraversate un momento difficile, trovate il modo di volgerlo a vostro favore per crescere e imparare invece di crogiolarvi nella tristezza.

21 Febbraio

Le persone che non si esprimono muoiono un po' alla volta.

LAURIE HALSE ANDERSON

La musica mi ha sempre aiutato a esprimere quello che non riesco a dire con le parole. Una delle cose più gratificanti della mia professione è che posso usare la mia voce e le mie canzoni per raggiungere gli altri e trasmettere loro forza. So benissimo cosa significa stare da solo nella tua stanza, distrutto, ferito dentro e fuori, con una voglia disperata di essere amato e di stabilire un contatto con qualcuno. Le mie canzoni non sono solo per me, ma per ogni singola persona che ha bisogno di un amico. Sono per chiunque abbia mai sentito di aver bisogno di qualcuno al suo fianco. Se state leggendo questo libro, sappiate che sono qui per voi e che voglio aiutarvi a superare i vostri giorni più neri.

Compito Mettete su una canzone che vi solleva il morale. Se siete un musicista o scrivete canzoni, prendete il vostro strumento ed esprimetevi.

22 Febbraio

Le cose più belle al mondo non si possono vedere e nemmeno toccare. Si devono sentire con il cuore.

HELEN KELLER

Sono le cose intangibili a rendere la vita così fantastica. I miei ricordi più belli riguardano esperienze ed emozioni che non possono essere descritte o riprodotte. Ho trascorso così tanti anni a cercare di andare su di giri con droga e alcol perché non sapevo che lo sballo più intenso era sempre stato sotto i miei occhi: la vita.

Compito Datevi il tempo di rallentare e sperimentare qualcosa di bello che non potete vedere ma che potete sentire.

23 Febbraio

Sii la versione originale di te stesso, non la brutta copia di qualcun altro.

JUDY GARLAND

Come per i fiocchi di neve, nessuno su questo pianeta è identico a voi. Non perdete tempo a cercare di essere come gli altri. Siate voi stessi fino in fondo e andatene fieri, non c'è modo migliore per distinguersi. Se tutti ci vestissimo, parlassimo e camminassimo allo stesso modo, nessuno sarebbe unico. L'individualità non esisterebbe. La differenza è ciò che ci rende speciali e che fa del mondo un posto così eccitante.

Compito Affermate la vostra personalità. Non prendete a modello qualcun altro, ma siate quello che siete destinati a essere. Coraggio, siate strani, perché essere "normali" è noioso!

24 Febbraio

Abbiate il coraggio di cambiare.

ANONIMO

Il cambiamento fa parte della vita, ma per qualche motivo ci spaventa. Cambiamento significa crescita e crescere significa evolversi. Ricordo che da piccola i miei genitori mi dicevano che per diventare grande dovevo imparare alcune lezioni. Col passare del tempo mi sono resa conto che le lezioni diventavano non solo più difficili da capire e superare, ma anche più preziose. Ciò ha reso la mia vita molto più ricca di significato. Per crescere ci vuole coraggio, quindi, mentre attraversate le fasi difficili della vostra vita ricordate di essere forti, audaci e temerari, perché state diventando persone adulte e migliori.

Compito Cosa vorreste cambiare di voi stessi e della vostra vita? Trovate il coraggio di attuare questo cambiamento, un passettino alla volta.

25 Febbraio

Qualsiasi esperienza abbiate vissuto nella vita, bella o brutta che sia, non disprezzatela. Ci sono lezioni da imparare in ogni momento dell'esistenza.

Ognuno di noi vive una vita unica e irripetibile, con esperienze che nessun altro potrà mai capire fino in fondo. La vostra storia contiene così tanti insegnamenti preziosi che possono aiutarvi a stimolare, guidare e motivare la persona con cui decidete di condividerli. In terapia, ho sentito tantissime storie diverse. Anche solo ascoltando, ho imparato moltissime cose. Sono molto felice di aver trovato il coraggio di raccontare la mia storia e parlare di ciò che ho passato. Questo non solo ha aiutato me, ma ha dato forza e speranza a numerose altre persone. Vi incoraggio a fare altrettanto.

Compito Raccontate a qualcuno la vostra storia. Non potete saperlo, ma magari alcuni aspetti di essa potranno ispirare qualcuno a riscrivere la propria.

26 Febbraio

Nulla è impossibile.

AUDREY HEPBURN

Cosa sia possibile nella vita dipende da quello di cui siete capaci. Man mano che la nostra coscienza e la nostra consapevolezza si espandono, continuiamo a crescere, e le cose che ci hanno descritto come impossibili diventano di colpo attuabili. Più siamo incoraggiati a sviluppare la nostra conoscenza e la nostra percezione di come funziona la vita, più cose siamo in grado di realizzare.

Compito Concentratevi su una missione o un obiettivo al giorno. Trasformate l'impossibile in possibile. Fate una lista dei modi in cui i vostri sogni più pazzeschi potranno un giorno avverarsi.

27 Febbraio

Ora, la carne tende alla morte, mentre lo Spirito tende alla vita e alla pace.

LETTERA AI ROMANI 8:6

Avendo sofferto di un disturbo alimentare per buona parte della mia vita, mi sono concentrata per molto tempo sulla realtà esterna, anziché sulla mia interiorità. In un certo senso, dentro ero morta. Quando ho iniziato a focalizzare la mia attenzione su di me, sulla persona che ero davvero, ho cominciato a coltivare una relazione d'amore con me stessa. Solo allora sono riuscita a diventare più sicura di me e a sentirmi bene nella mia pelle.

Compito Concentratevi sulla vostra interiorità e su ciò che vi rende belle persone. Elencate cinque-dieci caratteristiche non fisiche che fanno di voi l'essere umano spettacolare che siete in realtà.

28 Febbraio

Abbiamo bisogno delle altre persone: siamo tutti sulla stessa barca.

Se ci ritiriamo in noi stessi, è facile isolarci da chi ci circonda. Con il tempo, iniziamo a non comunicare le nostre emozioni, ad assumere un comportamento da eremiti e, prima di accorgercene, ci ritroviamo soli e sull'orlo della depressione. Benché sia importante imparare a stare bene da soli, dobbiamo anche ricordare che abbiamo bisogno dell'amore e della compagnia degli altri. Quando ho smesso di isolarmi e ho ritrovato il contatto con parenti e amici, ho sentito come un peso che mi cadeva dalle spalle.

Compito Avvicinatevi alle persone più care e cominciate a ricostruire un rapporto con loro. Uscite dal guscio e cercate il sostegno degli altri.

Marzo

1° Marzo

A volte il regalo più grande che possiate farvi è un regalo che fate a qualcun altro.

Quando avevo tredici anni, ho donato alla mia chiesa centocinquanta dollari guadagnati facendo la babysitter. Ero così orgogliosa di me per questa buona azione che ho sentito il bisogno di raccontarlo a tutti quelli che incontravo. Poco dopo, non mi sentivo più così fiera del mio atto generoso e non capivo perché. Mi sono resa conto che non l'avevo fatto solo per un puro istinto del cuore, ma anche per suscitare ammirazione. È importante fare cose per gli altri senza aspettarsi niente in cambio. Il semplice gesto di compassione basta a se stesso e aiuta gli altri, e noi per primi, in modi che non riusciamo nemmeno a comprendere del tutto.

Compito Fate un gesto generoso restando nell'anonimato. Fate qualcosa oggi per uno sconosciuto senza aspettarvi niente in cambio e godetevi l'emozione che vi regala il dare.

2 Marzo

L'odio è solo una forma di amore che non ha ancora trovato il modo di esprimersi.

LIL WAYNE

A scuola provavo odio per chi mi perseguitava. Poi mi sono resa conto che covare rancore faceva male solo a me. Proiettavo le mie insicurezze sugli altri e attribuivo loro la colpa. Una reazione a catena. Se fossi stata più decisa e sicura nell'amare me stessa, avrei trovato modi più proficui di affrontare e superare la negatività che mi circondava.

Compito Non permettete all'odio di prendere il sopravvento. Oggi provate compassione per le persone che vi fanno del male, sapendo che le loro azioni sono solo il risultato dell'infelicità e del dolore che si portano dentro.

3 Marzo

La domanda non è chi mi lascerà fare, è chi mi fermerà.

AYN RAND

Se avessi creduto a tutte le persone che dicevano che non avevo ciò che serviva per sfondare, non avrei combinato niente. Mi ci è voluto del tempo per diventare sicura di me. Può far paura, ma è meglio accettare la sfida e superare tali stati d'animo perché, in fin dei conti, queste persone non contano niente. Strada facendo, ho smesso di preoccuparmi delle loro sciocchezze. Ho smesso di cercare di controllare il mio destino e ho lasciato che l'amore per quello che so fare meglio rimpiazzasse il timore del fallimento. L'unica persona a frenarmi davvero ero proprio io. Oggi, quando incontro qualcuno che mi dice che non posso fare una determinata cosa, non gli presto attenzione. Devo solo credere in me stessa.

Compito C'è qualcuno che continua a ostacolare il vostro successo? Potrebbe essere il momento di farci due chiacchiere, o di lasciare che esca dalla vostra vita.

4 Marzo

La fiducia è un legame che si stabilisce fra due persone solo se sono capaci di ascoltare e mettersi nei panni dell'altro. Per me è questa la chiave dell'amicizia e dei rapporti d'amore.

Le relazioni tra familiari, amici, innamorati e colleghi sono complicate e ricche di esperienze preziose. Nessuno viene al mondo sapendo già tutto quello che c'è da sapere. Tutti viviamo esperienze diverse, commettiamo errori, ne facciamo qualcuna giusta, e poi commettiamo altri errori da cui possiamo imparare. La capacità di fidarsi e di ascoltare le altre persone è la base di ogni relazione sana.

Compito Quando parlate con un amico, cercate di ascoltare davvero quello che ha da dire, senza farvi distrarre da qualcos'altro. Glielo dovete, e al suo posto vorreste che lui facesse lo stesso con voi.

5 Marzo

D’ora in poi vivremo in un mondo nel quale
l’uomo ha camminato sulla luna.
Non è accaduto per miracolo, è accaduto
perché l’abbiamo deciso.

JIM LOVELL

In fondo, molte delle cose che sogniamo sono realizzabili. Quando alziamo gli occhi e guardiamo la luna così lontana, sembra impossibile e inimmaginabile che un essere umano sia stato lassù. Ma l’umanità è riuscita anche in questo, e tutto è iniziato da un sogno.

Compito Oggi sforzatevi di credere nell’impossibile. Dopotutto, potrebbe non essere impossibile. Qual è il vostro sogno più grande?

6 Marzo

Godetevi l'attimo.

Questo preciso momento, nel quale state leggendo il mio libro, è tutto ciò che avete. Avete voi stessi e la vostra vita, cioè tutto quello che vi serve. Passiamo tanto tempo a concentrarci sul passato o sul futuro che dimentichiamo quanta fortuna abbiamo a essere ancora qui, circondati da tante belle cose.

Compito Cercate di vivere nel presente. Apprezzate la vita che state vivendo adesso e consideratevi fortunati di essere vivi.

7 Marzo

Sono riconoscente per tutto l'amore e le sofferenze provate. Entrambe le cose sono state meravigliose.

In amore ho provato beatitudine, disperazione e tutte le emozioni intermedie. Crescendo, ho imparato ad accettare il dolore, perché ho capito che mi rende più forte ed è anch'esso parte della vita. Fa male attraversare momenti difficili ma il cuore, proprio come un muscolo, deve essere esercitato per potersi rafforzare.

Compito Pensate a uno specifico momento doloroso della vostra vita, e poi al fatto che questa emozione non è durata per sempre, anche se voi credevate il contrario. Ricordate che la vita continua, ed è vero che il tempo cura tutte le ferite.

8 Marzo

L'unico modo per avere un amico è essere un amico.

RALPH WALDO EMERSON

Non potete aspettarvi che gli altri vi trattino bene se voi non fate altrettanto con loro. A volte si impara a essere buoni amici solo quando ci si trova ad averne bisogno. La regola d'oro è una frase che abbiamo sentito ripetere milioni di volte: trattate gli altri come vorreste che gli altri trattassero voi. Sembrerà un luogo comune, ma se più persone rispettassero questa massima il mondo sarebbe un posto migliore.

Compito Pensate a cosa vorreste che un amico facesse per voi, e fatela per lui. Prestate attenzione al modo in cui interagite con gli altri.

9 Marzo

Tutte le nostre azioni hanno
delle conseguenze. Quello che facciamo prima
o poi ci tornerà indietro, quindi è sempre
meglio comportarsi con gentilezza.

YEHUDA BERG

È davvero importante essere consapevoli e attenti a quello che facciamo e al modo in cui trattiamo il prossimo. È importante che trattiate le persone con gentilezza e rispetto sinceri, senza paura di offendere. Se vi fate guidare dalla gelosia o dalla negatività, dovete essere preparati alle conseguenze delle vostre azioni.

Compito Oggi cercate di far sorridere almeno quindici persone. Può essere un gioco divertente da fare con un amico per vedere chi raggiunge per primo questo risultato. Magari queste persone ricambieranno proprio nel momento in cui ne avrete più bisogno.

10 Marzo

Se una situazione vi mette a disagio, fidatevi dell'istinto. Meglio eccedere in cautela che piangere sul latte versato.

Spesso nella vita ci troviamo in situazioni che ci portano a disperarci e a chiederci come abbiamo fatto a finire così. Prima di rendercene conto, ci siamo dentro fino al collo, tanto da avere la strana sensazione di non avere via d'uscita. Se qualcosa vi fa sentire a disagio, non fatela. Se i vostri amici cercano di convincervi a intraprendere qualcosa che non condividete, o il vostro datore di lavoro/collega insiste perché prendiate una decisione immorale, riflettete sulle loro intenzioni e sulle vostre. Fate solo ciò che vi sembra giusto.

Compito Fate solo quello che vi sentite di fare, perché voi siete la vostra guida migliore.

11 Marzo

Se devo cantare come qualcun altro,
è inutile che canti.

BILLIE HOLIDAY

Dovete vivere la vita a modo vostro. Se qualcuno pretende di farvi diventare come qualcun altro, dovete conoscervi abbastanza a fondo da restare fedeli a quello che siete. Sicurezza e indifferenza per ciò che gli altri pensano di voi sono le qualità migliori. In fondo, se cercate di essere una persona che non siete, il più delle volte le persone avvertono l'inganno.

Compito Suonate la vostra canzone, danzate la vostra danza. Non dovete imitare né assomigliare a nessuno.

12 Marzo

C'è una crepa, una crepa in ogni cosa,
è da lì che entra la luce.

LEONARD COHEN, *Anthem*

Bellezza e gioia nella mia vita sono nate perlopiù dall'aver attraversato un'esperienza molto difficile. Quando emergo da un periodo buio, sono contenta che sia finita. La sofferenza mi ha fatto crescere e diventare una persona migliore, più forte e più riconoscente per tutto ciò che la vita ha da offrire. La luce alla fine del tunnel può sembrare lontana chilometri, ma se avrete fede, la scorgerete presto.

Compito Trovate la speranza in un momento buio.

13 Marzo

Non abbiate paura di difendere ciò in cui credete, anche se sarete gli unici.

ANONIMO

Ci sono momenti nella vita in cui vi sembra di essere i soli a vedere le cose in un certo modo. Se seguite il vostro cuore e la vostra coscienza e cercate di fare quello che vi sembra giusto, non conta cosa pensano gli altri. Dovete difendere le vostre opinioni e fare la cosa giusta. Nella storia dell'umanità, i movimenti per la difesa dei diritti civili sono nati per iniziativa di un piccolo gruppo di persone. Tutti erano contro di loro e li ridicolizzavano, ma essi resistevano. Alla fine quei movimenti hanno cambiato il corso della storia, e hanno spianato il cammino affinché tante persone valide fossero trattate con dignità e senza discriminazioni.

Compito Oggi prendete le parti di qualcuno o sposate una causa. Potrebbe essere uno sconosciuto o una persona che amate. Oppure unitevi a chi difende i valori in cui credete.

14 Marzo

Se accettate ogni emozione, potrete vivere una vita autentica.

Una delle cose che ho imparato ad amare della vita è che non è mai uguale a se stessa. A volte ci sentiamo felici, altre volte annoiati, tristi o disperati. Tutte queste emozioni formano la materia prima della nostra vita. Non possiamo controllare tutto, ma possiamo controllare il modo in cui viviamo questi stati d'animo. Una volta interpretavo ogni avversità come un disastro di proporzioni gigantesche, un attacco personale al futuro dei miei sogni. Ora ho imparato che la vita può contenere un ampio ventaglio di sentimenti, emozioni di ogni intensità, e che la bellezza è presente in ogni situazione, a patto di accettare sempre con sincerità ciò che provo in quel momento.

Compito Pensate a qualcuno o a qualcosa che vi ha spezzato il cuore e poi a come vi ha spinto a crescere e a cambiare in meglio.

15 Marzo

Dio, concedimi la serenità di accettare
le cose che non posso cambiare,
il coraggio di cambiare le cose che posso,
e la saggezza per distinguerle.

REINHOLD NIEBUHR, *Serenity Prayer*

Oggi festeggio il giorno in cui ho smesso di bere, quindi vorrei condividere con voi la preghiera della serenità. Quelli che hanno iniziato la terapia ricorrono a questa preghiera ogni giorno, ma non è necessario seguire una cura per pronunciarla. Ho recitato questa preghiera quasi ogni giorno del mio percorso di guarigione, e ciò mi ha aiutato a calmare la tempesta di emozioni e sentimenti che spesso mi travolgeva, soprattutto nelle giornate difficili. Nella vita dobbiamo affrontare le cose giorno per giorno facendo del nostro meglio, e a volte occorre solo un semplice promemoria per farlo.

Compito Recitate questa preghiera da soli o con un amico e osservate come vi fa sentire. Ripetetela ogni giorno per una settimana e lasciate che cambi la vostra visione delle cose.

16 Marzo

Trovate la vostra luce interiore
e lasciate che illumini il mondo.

Ognuno di noi ha qualcosa di diverso da offrire al mondo. Tutti cerchiamo di scoprire il significato della nostra esistenza e ognuno lo fa a modo suo. Per me questo percorso di scoperta è affascinante. Abbiamo una luce dentro di noi, che ci guida nella comprensione delle cose. Non permettete a nessuno di oscurare la vostra luce perché senza di essa non potete vedere niente.

Compito Lasciate splendere la vostra luce. Altrimenti, come potrete essere una luce per gli altri?

17 Marzo

Se non fate altro che passare da un party all'altro, forse state fuggendo da qualcosa.

Nell'ambiente della musica e della cultura pop molti vogliono far credere alla gente di essere forti e sicuri di sé perché fanno uso di droghe e passano da una festa all'altra tutta la notte. Per me essere forti significa mantenere la calma nei momenti difficili e vivere le proprie emozioni senza nasconderle. Certe notti mi sono dovuta sforzare per cercare di restare tranquilla, perché avevo bisogno di sfogarmi, perché non riuscivo fisicamente a stare ferma o perché mi rifiutavo di vivere il presente.

Compito Smettetela di fuggire e iniziate ad affrontare la vostra vita e i vostri problemi. Potete cominciare da un gesto semplice come quello di non controllare continuamente il telefono quando vi sentite soli o tristi. Ascoltate ciò che succede nella vostra mente e rispettatene i pensieri.

18 Marzo

Sognate in grande, non c'è altro da fare. Per quello che ne sappiamo, ci è concessa una sola occasione, quindi abbandonate le vostre paure e vivete i vostri sogni.

Non continuate a rimandare ciò che amate. I vostri sogni sono tali per una ragione, quindi inseguiteli senza paura, a braccia aperte. Tutto quello che ho conquistato nella mia vita è arrivato perché sapevo ciò che volevo e l'ho cercato con tutta me stessa. Un tempo avere grandi sogni mi spaventava, ma da quando si sono pian piano realizzati li inseguo senza timori, e proprio per questo mi vengono incontro.

Compito Scrivete su un foglio tutti i vostri sogni. Ricordatevi, nessun sogno è troppo grande. Il mondo è vostro, dovete solo allungare la mano per afferrarlo.

19 Marzo

Non date niente per scontato. Trovate il coraggio di fare domande e di esprimere i vostri desideri. Comunicate con gli altri in modo chiaro per evitare fraintendimenti, delusioni e conflitti. Solo così potete trasformare la vostra vita.

MIGUEL ANGEL RUIZ

È necessario trovare il tempo per fare domande e le parole per dire quello che sentite nel cuore. La fretta o la paura di dire la verità fino in fondo spesso sono causa di fraintendimenti e quindi incomunicabilità. Dunque, se non siete sicuri delle intenzioni o dei sentimenti di una persona, chiedete direttamente a lei.

Compito Quando è stata l'ultima volta che avete dato qualcosa per scontato ed era sbagliato? Ripromettetevi di conoscere la verità, invece di fare ipotesi.

20 Marzo

Siamo sempre tentati di scegliere la via più facile.

I nostri valori saranno sempre messi alla prova. Saremo sempre tentati di prendere una scorciatoia, mentire, imbrogliare e rubare perché a volte queste sembrano le soluzioni più facili, ma vi assicuro che tali espedienti vi si ritorceranno contro. Non insisterò mai abbastanza su quanto sia importante trattenersi prima di fare qualcosa che potreste rimpiangere. Non cedete alla tentazione e non permettete a nessuno di influenzare le vostre azioni e le vostre decisioni.

Compito Se avete un amico o un collega che mente, imbroglia o ruba, è importante fargli sapere che non condividete il suo comportamento, e che le sue cattive abitudini cominciano a darvi fastidio.

21 Marzo

In ogni comunità c'è del lavoro da fare.
In ogni nazione ci sono ferite da sanare.
In ogni cuore c'è il potere di farlo.

MARIANNE WILLIAMSON

Con tutti i problemi, i disastri e le tragedie di cui ogni giorno abbiamo notizia, è importante non lasciare che la tristezza prenda il sopravvento e la disperazione vi schiacci. Dove c'è il buio, c'è anche la luce. A volte gli arcobaleni più splendidi nascono dalle peggiori tempeste.

Compito Oggi come potete trasmettere agli altri amore, fede e speranza? Chiedetevi se nella vostra vita c'è qualcuno in particolare che ha bisogno del vostro sostegno.

22 Marzo

Non potete risolvere i problemi degli altri, ma potete star loro vicini e condividerne la sofferenza. In questo modo la renderete più leggera.

YEHUDA BERG

Spesso, mentre cerchiamo di dare un sostegno alle persone care, vorremmo solo liberarle dal loro fardello. È un desiderio naturale aiutare gli amici in difficoltà. Ma molte volte è necessario che le persone attraversino il dolore per uscirne più forti e più sagge di prima. Ricordatevi che non potete tirarle fuori dai guai. Potete solo sostenerle nel trovare una soluzione.

Compito La prossima volta che una persona cara attraversa un momento difficile, pensate a come potete sostenerla invece di trovare un rimedio sostituendovi a lei.

23 Marzo

Non si giudica un libro dalla copertina.

ANONIMO

È molto facile esprimere giudizi sulle persone basandosi su dettagli o difetti trascurabili. Forse il loro atteggiamento sembra scortese. Forse non sono estroverse come voi. In ogni caso, se non vi concedete il tempo necessario per conoscere davvero gli altri e ascoltare le loro esperienze, non avete il diritto di giudicarli. Le cose che osserviamo in superficie non sono altro che questo: false impressioni che non ci dicono nulla di ciò che gli altri possono avere vissuto.

Compito Prendetevi il tempo di conoscere davvero le persone, di far loro domande sulla loro storia e siate dei buoni ascoltatori.

24 Marzo

Credo che la vita sia un dono, ma vivere non significa essere vivi.

NICKI MINAJ, *Moment 4 Life*

La vita è preziosa, ed è quello che ne fate a tenervi vivi dentro. Non basta limitarsi a esistere e dare questo dono per scontato. Ognuno di noi, in base alla propria esperienza personale, ha le sue paure, ma più ci impegniamo a superarle, più riusciamo a goderci la vita. Quando avevo tredici anni, ho subito un grave incidente d'auto. Ancora oggi, quando salgo su una macchina, la mia mente è preda di ogni tipo di paura. Ma se vivete stretti nella morsa della paura, vi precludete la possibilità di vivere davvero.

Compito Oggi cercate di affrontare una delle vostre paure.

25 Marzo

È segno distintivo di una mente educata essere capace di prendere in considerazione un pensiero senza accettarlo.

ARISTOTELE

Nel nostro mondo c'è molta ignoranza. L'ignoranza è causa di guerre, violenza, pregiudizi, intolleranza e infelicità. Qualunque sia il vostro livello di istruzione, avete comunque la possibilità e la capacità di aspirare alla conoscenza e a una migliore comprensione del mondo: basta provarci. Può capitare che abbiate convinzioni diverse rispetto a quelle di un altro, oppure di arrivare a litigare con qualcuno con cui siete in disaccordo; nonostante ciò è bene essere aperti alle critiche e alle opinioni altrui.

Compito Ascoltate ogni campana e arrivate alle vostre conclusioni. Esprimete con cortesia il vostro disaccordo in caso di litigio o di discussione.

26 Marzo

Per quanto mi senta il cuore spezzato, sarò sempre felice che continui a battere.

Ho patito tante pene d'amore nei miei ventun anni di vita. Le relazioni sono divertenti, eccitanti, coinvolgenti e interessanti. Ma sono anche complicate. Tutti nella vita ci ritroviamo prima o poi con il cuore spezzato, ma, per quanto mi riguarda, se mi succede, mi concedo di provare dolore. Fa male, lo so, ma so anche che ne è valsa la pena perché ho avuto la possibilità di provare un sentimento profondo. Poter provare questo tipo di amore e permettere a qualcuno di entrare nel mio cuore sta a significare che sono viva e che posso fare qualsiasi cosa.

Compito Siate profondamente riconoscenti nei confronti di tutte le persone che sono entrate a far parte della vostra vita; nel bene o nel male ognuna di esse vi ha insegnato qualcosa.

27 Marzo

Ricordatevi sempre che dentro di voi c'è un bambino; trattatelo come se l'aveste appena incontrato.

Mi sorprende sempre la facilità con cui ci abbandoniamo all'autodenigrazione. Spesso abbiamo l'abitudine di dirci cose terribili e non ci rendiamo conto dei danni che causiamo. Vi rivolgereste così alla voi stessa di quattro anni? A volte, quando sto lavorando mi sento davvero stanca e distrutta, e invece di prendermi cura di me mi costringo ad andare avanti. Dimentico che dentro di me si nasconde una piccola bambina fragile. Pensateci sempre, quando vi rimproverate, e fatevi qualche scrupolo. Trattereste così un bambino malato? È importante prenderci cura di noi, in qualsiasi caso.

Compito Siate gentili con voi stessi. Amate il bambino che è dentro di voi e prendetevi cura di lui come se fosse vostro figlio.

28 Marzo

Perché conformarci quando siamo nati per distinguerci?

DOTTOR SEUSS

Accettate ogni vostra stravaganza. Non siamo fatti per confonderci con la folla: siamo tutti individui. A volte pensiamo di dover nascondere le nostre differenze, ma è sbagliato. L'idea di cercare di capire chi siamo e che scopo abbiamo nella vita può spaventare. Ma è importante trovare una risposta, per accettarsi ed essere la persona che si è davvero.

Compito Non nascondetevi, lasciate che il mondo sappia chi siete e andatene fieri.

29 Marzo

Non ci sarà giorno in cui non penserò al cibo o al mio corpo, ma ormai convivo con questo problema e vorrei tanto che ogni ragazza trovasse una sicurezza e la tenesse stretta.

Tutti, uomini o donne, dobbiamo affrontare le nostre insicurezze, soprattutto in un mondo dove si attribuisce un valore eccessivo all'aspetto esteriore. Le persone lottano ogni giorno, ma alla fine, in qualche modo, ognuna trova dentro di sé la forza di resistere e andare avanti. Non siamo ciò che mangiamo e i nostri difetti *non* ci definiscono.

Compito Ignorate i modelli estetici imposti dalla società. Valete di più e meritate di essere ciò che siete.

30 Marzo

Ciò a cui resisti persiste.

CARL JUNG

Se passate troppo tempo ad aver paura di qualcosa, finirete con l'esserne schiavi, invece di liberarvene.

Compito Abbiate fede nel fatto che qualcuno in questa vita risolverà i vostri problemi, e non perdete troppo tempo a rimuginare.

31 Marzo

Ascoltate le storie degli altri e trovate la forza e la bellezza nelle loro azioni.

Mi piace ascoltare le storie dei miei fan perché mi sono di grande stimolo. Mi raccontano di aver affrontato con successo esperienze quali il bullismo, i disordini alimentari, l'uso di droghe, l'autolesionismo, ed è incredibile quanta forza ognuno di loro si porti dentro. Sono convinta che, se raccontate la vostra storia, la forza che è in voi aumenterà e sarete fonte di ispirazione per molte altre persone. Ci vuole grande coraggio per aprirsi agli altri.

Compito Chiamate un amico in difficoltà e raccontategli come siete riusciti a superare un brutto momento.

Aprile

1° Aprile

Il dubbio ama troppo la solitudine per accorgersi che la fede è sua sorella gemella.

KAHLIL GIBRAN

Sarà anche il primo di aprile, ma non dovete sempre temere che ci sia qualche scherzo in agguato. Fidatevi dell'istinto, credete in voi stessi, e prenderete di certo le decisioni giuste. Se siamo dotati d'istinto, dovrà pur esserci un motivo.

Compito Quando vi ritrovate ad avere dei dubbi, lasciateli perdere e ditevi piuttosto: "Credo in me stesso".

2 Aprile

A volte le persone sono belle.
Non per il loro aspetto. Non per quello
che dicono. Solo per quello che sono.

MARKUS ZUSAK

È facile farsi fuorviare dalla bellezza apparente del nostro mondo. È incredibile come a volte capiti di incontrare una persona con un fisico da sballo che poi, conoscendola meglio, si rivela priva della minima gentilezza e compassione per gli altri. Nel momento in cui una persona non è buona con gli altri la sua bellezza fisica, per quanto notevole, sparisce. La vera bellezza nasce dalla gentilezza, dalla bontà e dalla compassione. Cogliere questo tipo di bellezza richiede più di uno sguardo superficiale.

Compito Prendetevi il tempo di conoscere le persone e poi decidete se sono belle o meno; voi stessi, nel farlo, diventerete più belli.

3 Aprile

Ricordatevi sempre che le azioni si fanno sentire più delle parole.

Mi sforzo sempre di migliorare osservando quotidianamente l'effetto che le mie azioni hanno sugli altri. Se mi rendo conto di aver ferito qualcuno, mi scuso con il diretto interessato. Mi dà una bella sensazione cercare di riconoscere i miei errori e poi fare il possibile per correggerli. Queste azioni hanno un impatto maggiore delle parole.

Compito Pensate a una persona che dovreste contattare per chiederle scusa o ricucire un rapporto, e ditele che le volete bene o che vi dispiace.

4 Aprile

L'oro non può essere puro,
e gli uomini non possono essere perfetti.

PROVERBIO CINESE

È davvero importante accettare le proprie debolezze e imperfezioni. All'inizio può sembrare difficile, ma quando iniziate a riconoscere e ad accettare i vostri punti deboli, disponete di una base solida da cui partire per migliorarvi. È inutile sforzarsi di raggiungere la perfezione, perché non esiste. Se accettiamo gli altri per quello che sono e amiamo noi stessi incondizionatamente (difetti compresi), diamo a noi stessi la possibilità di aprirci al mondo con coraggio e di imparare qualcosa.

Compito Pensate alle vostre debolezze e chiedetevi come potete migliorarvi in modo sano.

5 Aprile

Chi va piano, si gode la corsa.

MIKE BAYER

Sentiamo sempre dire: "Chi va piano va sano e va lontano", e anche se questo concetto mi piace, mi piace ancora di più pensare che rallentare serva ad assaporare le piccole cose della vita. Nel frenetico mondo di oggi, è facile farsi catturare dal vortice della routine quotidiana e a volte non si ha nemmeno il tempo di tirare il fiato. Un tale livello di stress non solo è nocivo per la nostra salute, ma toglie ogni gioia a ciò che stiamo facendo.

Ho scoperto che il tempo passa in fretta e che, se non rallento il ritmo, rischio di perdermi quei piccoli momenti preziosi. Quindi, qualunque sia la meta verso cui vi state precipitando, ricordatevi di godervi anche il viaggio... altrimenti che senso ha?

Compito Quando vi sentite prigionieri di una vita frenetica, fermatevi, fate dieci respiri profondi e cercate di meditare o di fare qualcosa che vi restituisca la calma.

6 Aprile

Nessuno, nemmeno i poeti, è mai riuscito a misurare ciò che il cuore può contenere.

ZELDA FITZGERALD

È davvero incredibile la quantità di amore che il cuore può contenere e per me non c'è dubbio che l'amore valga qualsiasi dolore o sofferenza che può accompagnarlo. Per ogni sofferenza, pensate a tutte le cose meravigliose che l'amore vi ha regalato, soprattutto all'inizio: le farfalle nello stomaco, il senso di vertigine. Non scambierei con niente al mondo il modo in cui l'amore mi fa sentire.

Compito Aprite il vostro cuore e concedetevi di provare tutte le emozioni senza il timore di farvi male.

7 Aprile

Siamo tutti dei "work in progress".

MARY J. BLIGE, *Work in Progress*

Nessuno ha mai sostenuto di aver capito tutto della vita, perché vi assicuro che nessuno l'ha fatto. La cosa più importante è continuare a lavorare su se stessi, guarire, crescere, imparare ed essere umili. Ogni volta che pensate di aver raggiunto questo obiettivo, ricominciate da capo e ricordatevi che ne vale sempre la pena.

Compito Pensate al fatto che siete in continua evoluzione. Pensate a quanto siete cresciuti e cambiati nell'ultimo anno. Immaginatevi in continua trasformazione per il resto della vostra vita. Qual è un aspetto di voi stessi su cui potete lavorare oggi?

8 Aprile

La guarigione è una cosa su cui bisogna lavorare ogni singolo giorno, un compito in cui non esistono ferie.

Seguire una terapia di recupero non è sempre facile. Ho giornate buone e giornate in cui ho voglia di arrendermi, e sono proprio queste le giornate in cui so di dover chiedere aiuto, cosa che non è mai semplice. Che si tratti di una tossicodipendenza, di un disturbo mentale, di una disabilità, o di un trauma emotivo, tutti abbiamo problemi da superare. L'obiettivo non è diventare perfetti, ma solo essere la versione più sana possibile di noi stessi, dentro e fuori.

Compito Quali traumi state cercando di superare? Su quali problemi state lavorando? Contattate un amico o cercate un aiuto professionale per avere un sostegno.

9 Aprile

Penso che sia molto salutare passare del tempo da soli. È importante imparare a farlo cercando di non dipendere da un'altra persona.

OLIVIA WILDE

Non è sempre facile stare da soli. Da quando ho iniziato a passare più tempo con me stessa, non solo è diventato più facile, ma ho cominciato a godermi fino in fondo la solitudine. Che siate introversi o estroversi, è molto importante trovare pace e felicità nel tempo trascorso con se stessi. Quando impariamo a conoscerci intimamente, diventiamo persone più forti e migliori.

Compito Trovate la serenità passando del tempo da soli con i vostri pensieri.

10 Aprile

La solitudine e la sensazione di essere indesiderati sono la povertà più terribile.

MADRE TERESA

Non importa quanti soldi avete. I soldi non comprano l'amore e la gentilezza. Ognuno di noi vuole sentirsi amato e apprezzato, e ciò non ha niente a che vedere con la ricchezza materiale. Tutti i soldi del mondo contano meno dell'amore e delle persone che vi circondano.

Compito Oggi fatevi in quattro per far sentire amata e apprezzata una persona cara. Concentratevi sul diventare ricchi d'amore.

11 Aprile

Fissatevi degli obiettivi e sognate in grande.

Avere sogni pazzeschi è magnifico, ma per realizzarli dovete iniziare a porvi degli obiettivi e a scriverli su un pezzo di carta. Non basta pensarci in astratto, dovete impegnarvi nel concreto. La sensazione più piacevole è cancellare uno degli obiettivi dalla lista dopo che, lavorando sodo, siete riusciti a realizzarlo.

Compito Fate una lista dei vostri obiettivi per quest'anno. Concentratevi su di essi e iniziate a fare i passi necessari per cancellarli dalla lista.

12 Aprile

Siate il cambiamento
che volete vedere nel mondo.

ANONIMO

Più cercherete di mettere in pratica la vostra visione del mondo, più stimolerete gli altri a fare lo stesso. È semplicissimo: se volete cambiare, dovete *essere* voi il cambiamento che auspicate.

Compito Fate una lista delle cose in cui credete e non esitate a impegnarvi in ciò che vi appassiona.

13 Aprile

Io stesso sono interamente fatto di difetti, cuciti insieme a buone intenzioni.

AUGUSTEN BURROUGHS

Ognuno di noi ha i suoi difetti e le sue mancanze. Nessuno sbaglia intenzionalmente, ma è ciò che succede nella vita: commettiamo degli errori e impariamo da essi. Questo ci rende le persone che siamo.

Compito Siate più generosi e pazienti con voi stessi. Accettate i vostri sbagli, e siate grati per quello che vi hanno insegnato.

14 Aprile

Che bello il fatto che nessuno debba aspettare un momento in particolare per iniziare a cambiare il mondo.

ANNA FRANK

Poco tempo fa mi sono fermata a osservare le persone che passavano davanti a un senzatetto senza degnarlo di uno sguardo. Ho provato una grande tristezza, così ho iniziato a parlare con lui. Mi sono presentata, e lui mi ha detto di chiamarsi Denny. Abbiamo chiacchierato e riso insieme mentre lui mi raccontava delle barzellette. Dopo un po', commosso, ha cominciato a ringraziarmi perché per la prima volta da giorni qualcuno gli rivolgeva la parola. Era così contento e grato solo per aver potuto interagire con qualcuno. Non riuscivo a credere che una cosa tanto semplice avesse recato a entrambi una gioia così grande. È stato un momento indimenticabile.

Compito Oggi fate qualcosa per rendere più luminosa la giornata di qualcuno.

15 Aprile

Non c'è bisogno di preoccuparsi del domani se siamo stati felici oggi.

So che tutti si preoccupano di quello che accadrà in futuro, ma questa abitudine, per esperienza personale, non porta a niente di buono. Ci rende solo più stressati, senza contare che di solito ci preoccupiamo di cose che potrebbero non succedere mai. Il presente è tutto ciò che abbiamo, quindi concentratevi su di esso, godetevi le gioie del momento e contate sul fatto che tutto il resto si sistemerà.

Compito Oggi siate felici di quello che avete.

16 Aprile

Fate qualcosa. La persona che sarete in futuro ve ne sarà grata.

PUBBLICITÀ DELLA NIKE

Tutte le decisioni che prendete oggi avranno un effetto a lungo termine sulla vostra vita. Quello che dite a voi stessi, quello che fate entrare nel vostro corpo, le persone di cui vi circondate, sono tutte cose che vi accompagneranno. È sempre importante fare attenzione al modo in cui vi comportate con voi stessi. È davvero fondamentale avere una visione complessiva delle nostre azioni.

Compito Ogni volta che avete pensieri autodistruttivi, concentratevi sull'esatto contrario. Notate come il vostro comportamento può cambiare rapidamente se siete consapevoli e pensate positivo.

17 Aprile

Come vedo me stessa è più importante del mio aspetto. Essere sicuri di sé, sentirsi a proprio agio con se stessi... in realtà è questo che ci rende belli.

BOBBI BROWN

Nessun altro al mondo ha esattamente ciò che voi avete; avete ricevuto in dono il vostro corpo e le vostre qualità, dovete esserne grati. Il mio amico Spencer West è senza gambe sin da piccolo, ma ciò non gli ha impedito di vivere una vita piena. Oggi, quando sono critica nei confronti del mio corpo, penso alla incredibile forza di Spencer e mi rendo conto di quanto sia fortunata per il solo fatto di avere le gambe. Se lui può essere un gigante anche senza gambe, io posso fare lo stesso.

Compito Mettetevi nei panni di qualcun altro e apprezzate ciò che avete.

18 Aprile

Siate qui ora.

RAM DASS

Tutto ciò che abbiamo è il presente. L'ho imparato dopo aver fatto tanti lavori e spettacoli che ricordo appena. È stato perché non ho vissuto il momento. Non ero presente a ciò che facevo.

Compito Mettete da parte ogni distrazione, smettete di fissare il telefono o il computer, e godetevi l'istante per quello che è.

19 Aprile

Siete forti come il vostro seguace più fiacco; siete positivi come il vostro amico più negativo.

KELLY ROWLAND

Voi siete i vostri amici, quindi siate consapevoli di come sono fatte le persone che frequentate, di quali sono i loro valori. È importante ricordare che i nostri amici hanno un'influenza molto forte su di noi, e viceversa. Può essere una cosa bellissima a patto che i vostri amici vi circondino di amore, lealtà, rispetto e positività.

Compito C'è qualcuno nella vostra vita che vi riempie di insicurezze? Se sì, potrebbe essere il momento di parlare a questa persona con il cuore in mano e trovare un modo di risolvere la situazione.

20 Aprile

Quando si chiude una porta, se ne apre un'altra; ma spesso restiamo a guardare così a lungo e con tanto rimpianto quella porta chiusa da non vedere l'altra che si è aperta per noi.

ALEXANDER GRAHAM BELL

Qualsiasi cosa stiate passando, c'è una luce alla fine del tunnel. Potrebbe sembrarvi impossibile raggiungerla, ma ce la farete. Continuate ad andare in quella direzione, e scoprirete il lato positivo delle cose. Mi sono resa conto che posso sempre trovare qualcosa a cui mirare. Grande o piccola che sia, mi aiuta a superare i momenti più burrascosi.

Compito Ricordatevi che il momento difficile passerà e presto ve lo troverete alle spalle.

21 Aprile

Che possiate vivere per il tempo che desiderate e non desiderare per il tempo che vivete.

PROVERBIO TRADIZIONALE IRLANDESE

Le nostre vite sono fatte della bellezza con cui le riempiamo, più ci circondiamo di bellezza, più ricche saranno. Ma il fatto di volere tutto ci impedisce di goderci le cose che abbiamo già. Avere desideri nella vita è giusto, ma è importante non essere avidi.

Compito Fate sì che ciò che non avete non diventi un'ossessione; siate riconoscenti per ciò che avete.

22 Aprile

Ricordatevi di quanta strada avete fatto,
non solo di quanta ancora dovete farne.
Non siete dove vorreste essere, ma non siete
nemmeno dove eravate un tempo.

RICK WARREN

Spesso le nostre vite si muovono a un ritmo così accelerato che non abbiamo sempre il tempo di fermarci a riflettere sulla strada che abbiamo percorso. Di solito siamo troppo impegnati a guardare avanti. In realtà è molto importante fare bilanci. Cambiamo di continuo. È facile essere insoddisfatti di ciò che siete se non vi prendete il tempo di considerare tutta la strada che avete fatto. Non è necessario che siate esattamente nel punto in cui vorreste essere, ma il fatto che vi stiate muovendo è già importante di per sé. Per andare avanti ci vuole tempo.

Compito Oggi celebrate la strada che avete fatto dall'anno scorso. C'è qualcosa che avete cambiato nella vostra vita e di cui andate fieri?

23 Aprile

Nessuno è perfetto. A patto che continuiamo a tendere al meglio, le nostre imperfezioni sono parte del viaggio.

Quante volte abbiamo fatto qualcosa di "sbagliato" per poi pentircene? Finché impariamo dagli errori, l'esperienza non è sprecata. Non siamo perfetti; siamo qui per imparare dalle nostre imperfezioni, non per biasimarci all'infinito.

Compito Pensate a come trasformare i vostri rimpianti in lezioni per il futuro.

24 Aprile

Sotto sotto, è sempre lo stesso amore.

MACKLEMORE, *Same Love*

Nonostante le stravaganze e i talenti che ci rendono unici, siamo fatti della stessa carne e dello stesso sangue. Tanto le nostre differenze quanto le nostre somiglianze ci accomunano. Nonostante ognuno di noi affronti la vita a modo suo, partecipiamo tutti al viaggio per imparare a conoscere e ad amare noi stessi e gli altri con maggiore profondità e sincerità.

Compito Oggi concentratevi su ciò che vi accomuna ad amici, familiari e colleghi.

25 Aprile

Concedetevi di immaginare cosa volete per la vostra vita, senza timori e con il coraggio di trasformare i vostri sogni in realtà.

È importante coltivare delle fantasie e sentire che possiamo trasformare i sogni in realtà; sono profondamente convinta che possiamo riuscirci. Ma per farlo ci vuole impegno; non succede così, per magia. Quindi lasciate libera la vostra fantasia di immaginare tutto ciò che volete nella vita invece di deridere i vostri desideri perché vi sembrano assurdi. Accogliete a braccia aperte la vostra visione della vita, e fatene lo scopo verso cui tendete quotidianamente. Se l'avete immaginata, ci sarà un motivo.

Compito Fate una lista dei sogni che prima o poi volete realizzare.

26 Aprile

È importante prestare attenzione e aprirci alla saggezza dei nostri antenati. Dovremmo rispettare gli insegnamenti e le parole di coloro che sono venuti prima di noi.

Se si guarda al passato, sono tante le storie incredibili e stimolanti che riguardano i nostri antenati o sono contenute nei libri di storia che diamo per scontate. Eppure, i protagonisti di quelle storie hanno preparato la strada a ciò che noi siamo oggi. È importante non solo imparare da loro ma ricordare e mostrare gratitudine e rispetto per tutto ciò che hanno fatto per noi.

Compito Aprite un libro di storia o trovate su Internet una figura storica di cui non sapete niente e imparate qualcosa di nuovo. Già che ci siete, chiedete a un familiare di parlarvi dei vostri bisnonni: scoprite chi erano e in cosa credevano.

27 Aprile

Iniziate dal punto in cui siete.
Usate quello che avete.
Fate quello che potete.

ARTHUR ASHE

Nessuno vi chiede di essere perfetti. Basta dare il meglio di sé. Spesso ci sottoponiamo a una pressione eccessiva per far contenti gli altri.

Compito Qualsiasi cosa sentiate quando vi svegliate va bene; iniziate da quello e ricavate il massimo dalla vostra giornata.

28 Aprile

Credo che molti di noi ammirino la forza.
È una cosa che tendiamo a rispettare negli altri, desideriamo per noi stessi e ci auguriamo per i nostri figli. A volte, però, temo che confondiamo la forza con l'aggressività e persino la violenza.

FRED ROGERS, *Mister Rogers' Neighborhood*

Troppo spesso si confonde la forza con la violenza. Penso che persone come i bulli che mi hanno molestato a scuola cerchino di nascondere la loro fragilità e di sentirsi forti umiliando gli altri. Se costoro accettassero le loro emozioni e ammettessero le loro debolezze, avrebbero maggiori possibilità di cominciare a guarire. Questo atto di sincerità richiede una forza e un coraggio autentici.

Compito Oggi siate forti, per voi stessi o per qualcun altro.

29 Aprile

Una delle più grandi gioie nella vita
è veder ridere un bambino.

Nell'innocenza di un bimbo che ride c'è qualcosa che mi rende a lungo felice. I bambini vivono in un piccolo mondo pieno di meraviglie. Non hanno ancora visto nulla delle cose tristi che succedono attorno a loro e che gli adulti conoscono bene. Crescendo, abbiamo la possibilità di fare sempre nuove esperienze. Positive e negative. Vedere un bambino che ride per le cose più semplici ci fa venire nostalgia della fase più innocente della nostra vita. È splendido ricordare l'infanzia con tenerezza, ma non rimuginate troppo su ciò che è stato. Godetevi il presente.

Compito Oggi, se ne avete la possibilità, fate ridere un bambino.

30 Aprile

Cantare è un modo di evadere. È un altro mondo. Non sono più su questa terra.

EDITH PIAF

Fin da quando ero molto piccola, la mia voce mi ha sempre permesso di evadere e di trovare la felicità ovunque fossi. Tutti nella vita hanno qualcosa che li rende felici, e spesso questo accade quando vi godete il momento, semplicemente immergendovi anima e corpo in qualcosa. Proprio come Edith Piaf, anch'io quando canto sento di levarmi in volo e dimentico tutto il resto.

Compito Scoprite cosa vi rende più felici e concedetevi di volare oltre le nuvole, anche se avete i piedi ben piantati per terra.

Maggio

1° Maggio

Siate curiosi, non critici.

WALT WHITMAN

È davvero importante mantenere vivi dentro di noi la curiosità e la capacità di provare meraviglia. Da bambini, sperimentiamo ogni cosa per la prima volta: gattonare, mangiare, camminare, parlare, e così via. Man mano che cresciamo, iniziamo a dare per scontate le cose semplici. Più siamo disposti a restare aperti e curiosi verso il mondo, più possiamo scoprire e imparare.

Compito Oggi fate gli esploratori. Non date per scontato niente di ciò che vedete, sentite e toccate. Siate pronti a osservare ogni cosa con più attenzione e ad analizzare la realtà che vi circonda.

2 Maggio

Rispettate la vostra mente, il vostro corpo e la vostra anima. Perché siete preziosi.

Siamo sempre i primi ad accanirci contro noi stessi. Siamo i nostri critici più severi. E una grossa parte del nostro percorso consiste nell'imparare ad amare noi stessi. Ciò significa prenderci cura della mente, del corpo, dell'anima e dello spirito. Trattatevi come fareste con un bambino piccolo e noterete la differenza. Se siete più indulgenti con voi stessi, tutto cambierà in meglio.

Compito Oggi mettetevi di fronte allo specchio e ditevi che siete una bella persona.

3 Maggio

La fine della nostra vita comincia
il giorno in cui restiamo in silenzio
di fronte alle cose che contano.

MARTIN LUTHER KING JR.

È importante dire la vostra, perché se non difendete ciò in cui credete, nessun altro lo farà per voi. E se foste su questa Terra per contribuire a una scoperta importante, ma non valorizzaste abbastanza le vostre idee per farlo?

Compito Difendete le cose in cui credete, vivete una vita che per voi sia densa di significato in modo da andare a dormire la sera pensando che state facendo la vostra parte per rendere il mondo un posto migliore. È arrivato il momento di farlo.

4 Maggio

Lasciate che i bambini leggano quello che vogliono, e poi parlatene con loro. Se genitori e figli riuscissero a comunicare, non avremmo bisogno di alcuna censura perché smetteremmo di avere tutti questi timori.

JUDY BLUME

È molto importante che i bambini sappiano di poter pensare e parlare apertamente. I genitori e gli insegnanti dovrebbero essere fonte di ispirazione per i giovani e modello per i loro figli e studenti. Non sminuite le loro idee e le loro opinioni. Mettete in risalto il loro valore e la loro intelligenza.

Compito Qualsiasi età abbiate, fate in modo di essere fonte di ispirazione e sostegno per gli altri.

5 Maggio

Gay, etero, lesbiche, bisex: nessuno è migliore degli altri.

Siamo tutti uguali. Se qualcuno cerca di farvi credere che non è così, ditegli con calma che si sbaglia, oppure voltategli le spalle. Non lasciate che i suoi pregiudizi e la sua intolleranza vi contagino.

Compito Contribuite a diffondere la tolleranza intorno a voi.

6 Maggio

Non accontentatevi mai.

Le persone si accontentano perché temono di non poter mai avere niente di meglio, di non valere abbastanza. Nella vita meritate di avere tutto ciò che volete, ma dovete essere i primi a crederci, altrimenti non vi accadrà mai qualcosa di positivo.

Compito Prendetevi un momento per rendervi conto di quanto valete.

7 Maggio

Trattenere la rabbia e il rancore
è come tenere in mano un carbone ardente
con l'intento di gettarlo a qualcuno:
alla fine siete voi a bruciarvi.

BUDDHA

Ho dovuto imparare questa lezione più volte nella vita, perché mollare la presa è difficile. Ma rabbia e rancore sono così tossici che si finisce per far male a se stessi. Quando qualcuno vi fa un torto, è meglio essere comprensivi, tolleranti e disposti al perdono. È sempre più utile lasciar correre, altrimenti la vostra rabbia non farà che aumentare.

Compito Scrivete su un foglio di carta tutte le cose per cui siete arrabbiati e bruciatelo.

8 Maggio

A volte è giusto essere egoisti.
Pensare sempre e solo agli altri può essere nocivo per la vostra mente e il vostro corpo.

Quando siete su un aereo che sta precipitando è buona regola indossare la maschera a ossigeno prima di aiutare qualcun altro a fare lo stesso. Non potete pensare agli altri se non pensate innanzitutto a voi stessi. Si crede che questo sia egoismo, ma è in realtà un egoismo salutare, che vi permette di dedicarvi agli altri in maniera autentica e sincera.

Compito Oggi fate qualcosa di carino per voi stessi: regalatevi un massaggio, dormite fino a tardi o meditate.

9 Maggio

Se vuoi sapere com'è un uomo, guarda bene come tratta i suoi subordinati, non i suoi pari.

J.K. ROWLING

Non c'è niente di più deprimente di una persona che si comporta con la massima gentilezza di fronte a un interlocutore potente e tratta male chi, ai suoi occhi, si trova più in basso nella scala sociale. Il modo migliore per scoprire davvero com'è una persona è vedere se tratta tutti allo stesso modo. Se non lo fa, è bene riconsiderare il rapporto che avete con lei.

Compito Trattate tutte le persone allo stesso modo, con amore, rispetto e gentilezza, a prescindere dalla loro posizione economica o sociale. Non siete meglio o peggio di qualcun altro per via di quello che avete o non avete.

10 Maggio

Come la luna, sbuca da dietro le nuvole! Splendi.

BUDDHA

Tutti abbiamo delle giornate no, ma l'oscurità si porta sempre dietro la luce. Avete la possibilità di scelta e le risorse per emergere da qualsiasi momento buio o difficoltà stiate attraversando. Illuminate il mondo con la vostra luce interiore. Basta pensare positivo o sorridere anche se a volte non vi sentite di farlo.

Compito Illuminate il mondo con il vostro sorriso, anche se vi sentite giù.

11 Maggio

Mia madre mi disse: "Se sarai un soldato, diventerai un generale. Se sarai un monaco, diventerai il papa". Invece ero un pittore e sono diventato Picasso.

PABLO PICASSO

Non sarei dove sono oggi se non fosse stato per l'amore, l'amicizia e il sostegno della mia meravigliosa mamma. Lei ha sempre creduto in me, anche quando nemmeno io riuscivo a farlo. La sua fiducia mi ha dato il coraggio di inseguire e realizzare i miei sogni.

Mia madre mi ha insegnato a vivere la vita con integrità, lealtà, forza e amore. Mi rendo conto di essere molto fortunata ad avere una mamma così straordinaria.

Compito Dite a qualche persona cara che siete riconoscenti per tutto l'amore che vi ha dato.

12 Maggio

Quando diamo troppa importanza a ciò che gli altri pensano di noi, permettiamo loro di dirci come vivere la nostra vita e senza rendercene conto perdiamo di vista ciò che siamo.

Tutti vogliamo essere amati, ma prima di tutto dobbiamo amare noi stessi, altrimenti ci facciamo condizionare dalle opinioni altrui e smettiamo di vivere la nostra vita. Se qualcuno vi offende, lasciate correre, non reagite. Dargli corda non potrà che avere un effetto deleterio su di voi.

Compito Che cosa fa di voi una persona speciale? Pensate a ciò che vi rende unici e coltivatelo giorno per giorno.

13 Maggio

Non lasciatevi tormentare dall'invidia. È una stupida illusione pensare che la vita di un altro sia più bella della vostra. La verità è che ognuno di noi percorre una strada diversa.

In alcuni momenti mi faccio prendere dall'invidia per l'aspetto fisico, i vestiti o il talento di un'altra. È un'emozione comune a molti. Se l'hanno chiamata "mostro dagli occhi verdi" ci sarà un motivo. È un sentimento autodistruttivo, che può farvi solo del male. Siate forti, e non pensate troppo alla fortuna altrui.

Compito Liberatevi dall'invidia che nutrite verso qualcuno e siate profondamente grati per la vita che vi è concesso di vivere.

14 Maggio

Il cambiamento non è mai doloroso, solo la resistenza al cambiamento lo è.

BUDDHA

Il cambiamento fa parte della vita e non c'è modo di evitarlo. Quindi accettate il fatto che la vostra vita sarà piena di cambiamenti di ogni genere; anche se a volte ciò vi preoccupa, è proprio questo che rafforza il carattere e fa andare avanti.

Compito Accettate i cambiamenti, positivi o negativi che siano. Tutti, nessuno escluso, vi consentono di andare avanti e ogni nuovo capitolo della vostra vita inizia con un cambiamento. È qualcosa di cui dovete essere grati.

15 Maggio

Avete la possibilità di cambiare la vostra vita con un semplice mutamento di prospettiva.

A volte una giornata comincia male e mi sento frustrata o di malumore. Mi viene persino da pensare: "Lascia perdere, ormai la giornata è rovinata". È una sensazione terribile, che può portarmi a essere suscettibile e scontrosa, cosa che ha un impatto negativo sugli altri. Ultimamente, ho scoperto che è possibile ricominciare la giornata in qualsiasi momento. Basta sedermi tranquilla e ricaricarmi. Cerco di mutare prospettiva, ripetendomi che la giornata che mi sta davanti è piena di belle opportunità. Elenco dieci o più cose che mi piacciono e questo di solito mi mette di buonumore. Di conseguenza, tutta la giornata mi appare sotto una nuova luce.

Compito Fate un elenco delle cose per cui provate riconoscenza. Ogni giorno annotatene dieci.

16 Maggio

Non dimenticatevi di respirare.

È un istinto che abbiamo dalla nascita, eppure per qualche motivo è la cosa che dimentichiamo più spesso, soprattutto quando siamo stressati e andiamo di corsa.

Compito Scegliete un posto tranquillo e concentratevi sulla respirazione. Può davvero fare una differenza enorme per la vostra giornata e il vostro umore.

17 Maggio

Se una persona che ho aiutato, o nella quale ho riposto grandi speranze, mi tratta con crudeltà, possa io considerarla comunque un maestro prezioso.

DALAI LAMA

Provare compassione è fondamentale per la nostra felicità. Possiamo sempre imparare dalle persone che ci hanno fatto soffrire. Non è possibile vivere la vita senza che qualcuno ci faccia del male. Anche i nostri migliori amici, che ci vogliono un bene dell'anima, di tanto in tanto ci fanno arrabbiare. Non sono perfetti, questo è bene ricordarlo. Le persone attorno a voi sono esseri umani. Commettono errori, non dimenticatelo mai.

Compito Imparate da tutti, anche da chi vi delude e vi fa soffrire.

18 Maggio

Andate fiduciosi nella direzione dei vostri sogni. Vivete la vita che avete immaginato.

ANONIMO

Se qualcuno vi dice che non potete vivere la vita che sognate, non dovete dimostrargli che sbaglia, ma continuare a impegnarvi a fondo, sapendo nel vostro cuore che ce la potete fare. Servitevi della sfiducia altrui come stimolo a dare di più.

Compito Meritate tutta la felicità del mondo, quindi inseguitela con passione e follia.

19 Maggio

Non possiamo sempre contare sugli altri perché ci rendano felici. Dobbiamo trovare la felicità in noi stessi.

Mi sono resa conto che imparare a essere felici è la cosa più importante. Non vergognatevi mai di ciò che sentite perché tutti, prima o poi, proviamo le stesse emozioni. Forse abbiamo un modo diverso di esprimerle, ma più o meno sono le stesse, ed è questo che ci permette di comunicare l'uno con l'altro. È fondamentale non permettere *mai* a nessuno di giudicare le vostre emozioni.

Compito Se state avendo una brutta giornata, non dovete contare sugli altri per tirarvi su. Trovate la felicità dentro di voi.

20 Maggio

Ovunque mi arrampichi
mi segue un cane chiamato ego.

NIETZSCHE

Quando diventiamo indipendenti e iniziamo la nostra scalata verso il successo, dobbiamo lasciarci il nostro ego alle spalle, impedendogli di interferire con l'integrità e l'onestà del nostro lavoro. Il vostro ego vi starà sempre alle calcagna, vi terrà il fiato sul collo mentre vi fate strada nel mondo. Non permettetegli di superarvi.

Compito Dovete essere consapevoli del vostro ego e non lasciarvi sopraffare.

21 Maggio

Un sorriso può salvarvi la vita.

Sapevate che è scientificamente provato che sorridere rafforza il sistema immunitario e aiuta a vivere una vita più lunga e serena, senza contare che rende felici le persone attorno a voi, perché è contagioso? Una volta, passando i controlli di sicurezza all'aeroporto, di punto in bianco un agente mi ha sorriso, e questo mi ha cambiato la giornata. Quando rendete più luminosa la giornata di un altro, anche la vostra sarà migliore.

Compito Sorridete spesso: magari renderete più bella la giornata di qualcuno. Non si può mai sapere l'impatto che il nostro sorriso avrà sulla vita di un altro.

22 Maggio

Chi getta fango, perde terreno.

PROVERBIO TEXANO

La vita è fatta di scelte. Quando si tratta di reagire a un'offesa, abbiamo sempre una scelta. La tentazione più grande è rispondere con lo stesso comportamento che ci ha offeso. Chiedetevi cosa otterreste in quel caso.

Compito La prossima volta che qualcuno vi insulta, domandategli con calma come si sentirebbe se voi faceste la stessa cosa con lui.

23 Maggio

La vera gioia nasce quando incoraggiate e guidate qualcun altro a intraprendere una strada che gli porterà del bene.

ZIG ZIGLAR

Ci sono un sacco di persone invidiose là fuori. A volte la vostra fortuna può essere fonte di tensione nei rapporti con gli altri. Quando un amico ha buone notizie siate contenti per lui e incoraggiatelo; se tutto va bene sarete ricambiati con lo stesso comportamento.

Compito La prossima volta che un amico o un familiare vi annuncia una buona notizia, assicuratevi che la vostra gioia sia sincera.

24 Maggio

Il cambiamento avviene ascoltando e poi iniziando un dialogo con chi, secondo voi, sta facendo qualcosa di sbagliato.

JANE GOODALL

Al mondo ci sono più di sette miliardi di persone, eppure ognuno di noi ha un proprio cervello e un insieme unico di valori e opinioni. Per quanto siate educati, compassionevoli, gentili, aperti e volenterosi, commetterete comunque un sacco di sbagli. Non dovete essere troppo attaccati ai vostri valori né denigrare opinioni e credenze altrui, anche se non le condividete.

Compito Mantenete la mente aperta, non preoccupatevi se avete torto. Allargate i vostri orizzonti a nuovi campi di interesse. Vi farà un gran bene considerare la realtà da una prospettiva diversa.

25 Maggio

Cammino piano, ma non torno mai indietro.

ABRAHAM LINCOLN

La guarigione è un processo graduale, qualunque sia il problema che state cercando di superare. Nessuno è migliore perché guarisce più in fretta. Non è una gara. Dovete andare alla vostra velocità, anche se è limitata. Ci saranno giorni in cui avrete voglia di arrendervi... non fatelo. Ci saranno giorni in cui rischierete delle ricadute... cercate di resistere. Se seguirete il vostro ritmo e non tornerete indietro, farete progressi enormi: questa è l'unica cosa importante. Dunque siate fieri di ciò che avete conquistato.

Compito Non paragonate il vostro processo di guarigione a quello altrui. Ricordatevi che ognuno di noi ha un suo tempo di recupero fisico, mentale ed emotivo. Non abbiate fretta e seguite il vostro ritmo.

26 Maggio

Il tempo passa così in fretta, le persone entrano ed escono dalla tua vita. Non devi mai perdere l'occasione di dire ai tuoi cari quanto sono importanti per te.

ANONIMO

I lutti fanno parte della vita. Nel corso degli anni ho perso tante persone care. Niente potrà mai riportarle indietro, ma quando penso ai loro valori e alle loro qualità, è come se li tenessi in vita dentro di me, e questo mi dà una forte emozione. La cosa più importante da ricordare, però, è che dobbiamo goderci al massimo il tempo prezioso che ci è concesso di trascorrere con le persone che amiamo.

Compito Oggi accendete una candela o dite una preghiera per una persona a cui avete voluto bene e che non c'è più.

27 Maggio

In questo momento sono esattamente dove ho bisogno di essere.

Un tempo facevo resistenza e non mi fidavo della mia grande forza interiore. Dopo la mia guarigione, animata da una nuova volontà di cambiare, ho capito che sono esattamente dove dovrei essere. Il momento presente è quello in cui trovo la felicità.

Compito Pensate ai risultati raggiunti nella vostra vita in termini di successo, relazioni, carriera, e siate felici per ciò che avete saputo costruire.

28 Maggio

I genitori possono solo dare buoni consigli
o avviare i figli sulla strada giusta,
ma la formazione definitiva del carattere di una
persona è nelle mani della persona stessa.

ANNA FRANK

Gran parte del mio percorso di vita è stata influenzata dai miei genitori, dai loro doni e dalle loro mancanze. Dopo essere guarita, mi sono resa conto che è giusto imparare dai miei genitori, ma che, d'altra parte, spetta a noi costruirci la vita che desideriamo.

Compito Ringraziate i vostri genitori per avervi donato la vita e aver fatto del loro meglio.

29 Maggio

L'umiltà non significa avere una scarsa opinione di sé, ma pensare meno a se stessi.

C.S. LEWIS

Molte persone non condividono l'idea di dare soldi a un senzatetto. Ciò che potete fare è offrirgli un pasto o una bottiglia d'acqua, così almeno sarete sicuri che avrà qualcosa da bere o da mangiare. Una volta ho visto un senzatetto e mi sono ricordata di avere una merenda nella borsetta. Mi sono avvicinata a lui e gli ho detto: "Non voglio offenderti, ma se hai fame sarei felice di darti questa". Lui ha reagito come se avesse vinto alla lotteria. Non riuscivo a credere che una cosa così banale lo avesse reso tanto felice.

Compito Oggi fate il possibile per aiutare un senzatetto o qualche altra persona bisognosa.

30 Maggio

La creatività non si può esaurire.
Più la utilizzate, più ne avrete a disposizione.

MAYA ANGELOU

Ricordo che dopo aver scritto le mie prime canzoni temevo di aver esaurito l'ispirazione. All'epoca non mi rendevo conto che l'unico modo per stimolare la creatività è semplicemente continuare a creare.

Compito Non rinunciate a esprimere la vostra creatività. Gli esiti saranno a volte straordinari, a volte mediocri, ma non smettete mai di tentare.

31 Maggio

Siete destinati a essere figli di Dio.

ANONIMO

Ognuno di noi, nessuno escluso, si trova su questa Terra per una ragione. Non ci sono due persone uguali. Siamo stati tutti creati per uno scopo ben preciso. Siete preziosi, unici e speciali, non permettete a nessuno di affermare il contrario.

Compito Festeggiate le qualità che vi rendono davvero unici e speciali.

Giugno

1° Giugno

L'azione più coraggiosa che si possa compiere è pensare da sé. Ad alta voce.

COCO CHANEL

Ognuno di noi è nato con un dono unico e straordinario, destinato a cambiare non solo le nostre vite ma il mondo che ci circonda. So che è così per esperienza personale. Qualunque sia questo dono, qualcuno potrebbe desiderarlo. Dunque, usatelo con saggezza e resterete sorpresi di quanto potrete essere fonte di ispirazione per gli altri.

Compito Oggi siate di ispirazione a qualcuno semplicemente restando voi stessi.

2 Giugno

Nessuno è perfetto, ma tutti possiamo sforzarci di essere persone migliori.

La vita è un viaggio che ci offre di continuo nuove occasioni per crescere e migliorare. Ogni giorno ci offre l'occasione di diventare più forti, più felici e più compassionevoli.

Compito Prendete la decisione di migliorare voi stessi ed essere fonte di ispirazione per coloro che vi circondano.

3 Giugno

Il sempre è fatto di attimi.

EMILY DICKINSON

Non rimanete in attesa della felicità che deve ancora arrivare. Ci siete già dentro. La felicità futura arriverà quando sarete pronti. È nella natura umana farsi sempre distrarre da tutto ciò che desideriamo, dalla prossima meta da raggiungere e da ciò che ci siamo lasciati alle spalle. Concentratevi il più possibile su quello che avete adesso.

Compito Immergetevi nel momento che state vivendo e incidetelo nella vostra memoria.

4 Giugno

Tutto quello che vi serve è dentro di voi.
Il segreto è vivere con sincerità,
in modo da poter entrare in contatto con la
persona che siete davvero ed esserle fedeli.

Una tappa importante del mio processo di guarigione è stata imparare che non avevo bisogno di cercare niente al di fuori di me. Avevo dentro tutte le risposte che mi servivano, e anche la pace che tanto cercavo. Quando infine ce ne rendiamo conto, è un grande sollievo.

Compito Oggi mettetevi davanti allo specchio e ditevi: "Tutto ciò di cui ho bisogno è dentro di me".

5 *Giugno*

La nostra paura più profonda non è di essere inadeguati. La nostra paura più profonda è di essere potenti oltre ogni limite. È la nostra luce, non la nostra ombra, a spaventarci di più.

MARIANNE WILLIAMSON

A volte può essere spaventoso rendersi conto di cosa siamo capaci di fare. Ognuno di noi possiede sin dalla nascita la forza di compiere imprese straordinarie. Dicono che un grande potere rechi con sé una grande responsabilità, quindi considerate come un vostro dovere fare qualcosa di meraviglioso della vostra vita: abbiatene cura.

Compito Sfruttate le vostre risorse, per fare qualcosa di significativo.

6 Giugno

Non piangere perché è finita. Sorridi perché è successo.

DOTTOR SEUSS

Ci sono sempre momenti in cui qualcosa di bello finisce. Invece di provare dispiacere perché è finito, siate contenti perché è accaduto. Dopo aver trascorso del tempo in Africa con i miei amici e la mia famiglia, ero assai triste all'idea di tornare a casa. Giunta l'ora di partire, eravamo tutti in lacrime: nessuno voleva lasciare un posto così meraviglioso. Oggi posso ripensare a quel momento senza piangere. Sono infinitamente grata per il tempo che ho trascorso lì con le persone che amo, e non vedo l'ora di ritornarci.

Compito Pensate a un momento felice della vostra esistenza e siate riconoscenti per la gioia che vi ha regalato. Pensate ai momenti felici anche se appartengono al passato.

7 Giugno

Convivono in me agonia e speranza.

JANE AUSTEN

Un valido sostegno è importante per tutti. A volte ho dovuto affrontare problemi difficili, ma ciò che mi ha aiutato a ritrovare la felicità è stata la fiducia che i miei fan riponevano in me e la speranza che mi infondevano. Il sostegno dei miei fan e delle persone che mi circondano è per me fonte di grande felicità.

Compito Date speranza a una persona che sta attraversando delle difficoltà. Ditele che le siete vicini.

8 Giugno

L'amore non indica uno stato di beatitudine perfetta. È un concetto attivo, come la lotta. Amare qualcuno significa sforzarsi di accettare quella persona per quello che è, qui e ora.

FRED ROGERS, *Mister Rogers' Neighborhood*

Una delle cose più difficili delle relazioni è accettare l'altra persona per ciò che è. Non so dirvi quante volte abbia desiderato cambiare un amico o un fidanzato, ma poi mi ricordo che nessuno è perfetto, me compresa.

Compito Se vi trovate a criticare qualcuno, ricordatevi che nessuno è perfetto, nemmeno voi.

9 Giugno

Il mondo è così pieno di odio che alcuni preferirebbero morire che essere se stessi.

MACKLEMORE, *Same Love*

Ci sono tanti giovani che si tolgono la vita perché qualcuno li fa sentire come se non valessero niente. Essendo stata vittima di bullismo, so quanto può essere distruttivo e devastante quando altri ragazzini ti dicono cose orribili. Con il diffondersi del bullismo in rete, le persone, nascondendosi dietro i loro computer, si sentono ancora più libere di dire cose odiose. Sta a ognuno di noi difendere una persona che viene presa di mira o insultata.

Compito Oggi prendete le difese di qualcuno e fategli capire quanto vale.

10 Giugno

Non aspettate che altri vi rendano felici.
La felicità dovete costruirvela da soli.

ALICE WALKER

Non potete amare nessuno fino in fondo se non amate voi stessi. Se non siete a vostro agio con voi stessi, avere una relazione, per quanto meravigliosa, non cambierà le cose. Trascorrere le giornate insieme alla vostra dolce metà non sarà sufficiente: ogni notte dovrete fare i conti con la vostra coscienza.

Compito Che siate single o abbiate una storia con qualcuno, dedicate un po' di tempo a conoscervi meglio e a coccolarvi.

11 Giugno

Non meritate un punto di vista se non vedete altro che voi stessi.

PARAMORE, *Playing God*

Molte persone hanno un ego sproporzionato che le fa sentire sempre nel giusto e migliori degli altri. Non importa da dove venite o chi pensate di essere, abbiamo tutti un cuore che batte. Spesso giudichiamo gli altri e diamo per scontato di avere ragione, ma commettiamo un grande errore. Dovete essere disposti a guardare al di fuori di voi. Al mondo ci sono tante persone e se cercate le risposte solo in voi stessi, siete destinati a vivere in una bolla.

Compito Pensateci due volte prima di giudicare qualcuno, mettetevi nei suoi panni e ricordatevi che ha diritto ad avere le sue opinioni e il suo punto di vista. Vede il mondo in modo diverso, tutto qui.

12 Giugno

Non è nelle stelle che è conservato il nostro destino, ma in noi stessi.

WILLIAM SHAKESPEARE

Abbiamo sempre una scelta nella vita. Sta a noi cogliere le occasioni, e trovare in noi stessi la forza di creare il nostro destino. Non sapremo mai cosa possiamo fare o dove possiamo arrivare finché non ci proviamo.

Compito Non lasciate al caso le cose importanti. Prendetene il controllo, e raggiungete la meta che vi siete prefissati.

13 Giugno

Se non avessi imparato ad amare e accettare me stessa non avrei concluso niente.

Imparare ad amarvi e accettarvi per ciò che siete non è facile. Ho appreso molte cose su me stessa durante la terapia di recupero. Questo mi ha permesso di scoprire la forza dell'amore e l'importanza di accettarsi. Ogni giorno continuo a imparare. La cosa è semplice: devo amare me stessa se voglio che gli altri mi amino. Arrivare a capirlo è stato difficile, ma ha fatto un'enorme differenza.

Compito Iniziate ad amare la parte di voi che vi piace meno.

14 Giugno

Sono vasto, contengo moltitudini.

WALT WHITMAN

Per tanti anni sono stata infelice perché non concedevo a me stessa la possibilità di vivere le mie emozioni; facevo di tutto per mantenere il controllo. All'inizio non me ne rendevo conto, ma così facendo finivo con il rendere più intense le mie emozioni. Nel momento in cui ho iniziato ad accettare i miei sentimenti, senza tentare di dominarli con la razionalità, ho ricominciato a sentirmi completa.

Compito Quale emozione state cercando di reprimere? Fermatevi, fate un respiro profondo, e vivetela in tutta la sua intensità. All'inizio potrà farvi sentire peggio, ma una volta che l'avrete lasciata entrare scoprirete che non fa così paura.

15 Giugno

Sentirete la necessità di lasciare andare certe cose per la semplice ragione che sono pesanti.

C. JOYBELL C.

Ogni giorno porta nuove occasioni di crescere, e parte di questa crescita consiste nell'accettare che ci sono cose che non possiamo cambiare. Se ci ostineremo a voler mutare l'immutabile, ci rimetteremo sempre.

Ma se lasciamo la presa, possiamo liberare i nostri cuori, le nostre menti e i nostri corpi e aprirci a qualcosa di più grande. Quando ho fatto spazio nel mio cuore, mi sono successe un sacco di cose meravigliose.

Compito Liberatevi di una cosa o di una persona negativa alla quale vi siete aggrappati con tutte le forze. Se necessario, scrivete una lettera alla persona da cui state cercando di allontanarvi o gettate via tutto quello che in qualche modo vi tiene legati a lei.

16 Giugno

Spesso cerchiamo al di fuori di noi le risposte, la felicità, la possibilità di sentirci completi.

Mi rendo conto che, la dipendenza da certe sostanze rappresentava il tentativo di cercare fuori di me risposte, felicità, pace e amore. All'epoca non sapevo quanto male stavo facendo a me stessa. La terapia di recupero mi ha insegnato a cercare le risposte e la forza dentro di me.

Compito Pensate a ciò che volete davvero e non a ciò che gli altri si aspettano da voi.

17 Giugno

Fate solo quello che vi dice il cuore.

PRINCIPESSA DIANA

A volte facciamo fatica a prendere una decisione, piccola o grande che sia. Magari il nostro cuore ci dice una cosa, la testa un'altra e i nostri amici un'altra ancora. È importante soppesare tutte le possibilità e poi fare ciò che ci dice il cuore. Non seguite ciecamente i suggerimenti degli amici, perché dovete prendere da soli le vostre decisioni, seguendo l'istinto.

Compito La prossima volta che dovete prendere una decisione, soppesate tutte le opzioni, soprattutto quelle suggerite dal cuore.

18 Giugno

Fate una sola volta ciò che gli altri reputano per voi impossibile, e non presterete mai più attenzione ai limiti che vi impongono.

CAPITANO JAMES R. COOK

Una delle cose più esaltanti è mostrare a una persona che non credeva in voi ciò di cui siete capaci. La prima volta che vivete questa sensazione meravigliosa scoprirete che è una perdita di tempo prestare ascolto a chi cerca di tarparvi le ali. È meglio se impiegate il tempo a dimostrare a loro e a voi stessi ciò che POTETE fare. Ricordatevi, l'unico limite è il cielo.

Compito Fate una cosa che qualcuno ha sempre considerato al di fuori della vostra portata.

19 Giugno

Il dolore, la sofferenza e il lutto recano con sé molte occasioni di crescere e cambiare, a patto di mantenerci aperti.

Quando la vostra fede e la vostra forza sono messe alla prova, si presenta un'occasione incredibile di crescere. Ciò che ne farete dipende da voi. È difficile chiedere aiuto, ma talvolta non se ne può fare a meno. Mi sono ripromessa che nei momenti difficili cercherò aiuto e li affronterò con mente aperta. Superare gli ostacoli rende più forti e rafforza la fede, ma nulla di tutto ciò può accadere se non si è disposti a ricevere aiuto dagli altri.

Compito Se state affrontando una situazione difficile, siate aperti e chiedete aiuto. Non dovete affrontare niente da soli, potete sempre contare sugli altri.

20 Giugno

La felicità non dipende da chi siete e da cosa possedete, ma soltanto da ciò che pensate.

BUDDHA

Ognuno di noi ha la possibilità di attingere a una gioia profonda, ma a volte bisogna impegnarsi in questo senso. Se vi sentite giù, provate ad analizzare i vostri pensieri. Potete addirittura scriverli per farvi un'idea di quale sia la vostra visione della vita in questo momento. Se scoprite che i pensieri negativi superano quelli positivi, sforzatevi in maniera consapevole per cercare di cambiarli.

Compito Fate una lista dei vostri pensieri negativi e per ognuno di essi scrivete l'opposto. Mettetevi di fronte allo specchio e leggete a voce alta i pensieri positivi.

21 Giugno

Siete qui per un motivo. Usate i vostri talenti.

Qualsiasi dono vi sia toccato in sorte, fatene uso per rendere il mondo un posto migliore. Nessun altro possiede ciò che voi avete, quindi utilizzate i vostri pensieri e le vostre idee per contribuire a cambiare il mondo. Non potrete mai conoscere la vostra capacità di incidere sulla realtà se non credete in voi stessi e non tentate di fare la differenza.

Compito Abbracciate le cause che più vi appassionano e cercate di fare qualcosa per sostenerle.

22 Giugno

Il dolore passa, ma la bellezza resta.

PIERRE-AUGUSTE RENOIR

Quando stiamo attraversando un momento di difficoltà, è quasi impossibile immaginare qualcosa di diverso dalla profonda sofferenza che stiamo vivendo. Eppure, c'è sempre una luce alla fine del tunnel. Ho imparato che ogni dolore prima o poi finisce, ma la bellezza che nasce dall'averlo superato durerà per sempre. Dovete sapere che un giorno sarete in grado di guardare al passato e di apprezzare il dolore che vi ha fatto crescere.

Compito Non vi fate travolgere dalla sofferenza. Prima o poi passerà.

23 Giugno

Troppe volte non viviamo i nostri sogni perché stiamo vivendo le nostre paure.

LES BROWN

Le paure rendono tutto impossibile. Non lasciate che la paura vi ostacoli, soprattutto quando cercate di inseguire i vostri sogni. Le paure non sono reali perché non nascono da cose che sono successe, ma si basano su eventi che non si sono ancora verificati e quindi non esistono.

Compito Sostituite una paura con un desiderio o un sogno e concentratevi su quello.

24 Giugno

Quello che pensiamo, diventiamo.

BUDDHA

La forza del pensiero è tale che dobbiamo sempre prestare attenzione a ciò che diciamo a noi stessi; grazie a essa siamo in grado di realizzare qualsiasi cosa. Ma quando capita di cadere involontariamente in una sequenza di pensieri negativi, prima di accorgercene finiamo con l'attirare nella nostra vita proprio ciò che temevamo. Per fortuna lo stesso principio vale anche per i pensieri positivi. Pensando a cose meravigliose trasformiamo inconsciamente la realtà grazie all'energia di questa visione.

Compito Oggi fate in modo di pensare a cose positive in linea con i vostri sogni. Eliminate i pensieri che vi deprimono.

25 Giugno

Scelgo di non essere una vittima.

Per me sarebbe facilissimo recitare la parte della vittima dopo tutto quello che ho passato, ma ciò non mi sarebbe di alcun aiuto né rappresenterebbe un esempio per qualcuno. Sta a me decidere di permettere che le mie esperienze passate mi siano di insegnamento e mi rendano più forte, così da mettermi nella condizione di aiutare gli altri.

Compito Pensate a qualcosa di traumatico che vi è capitato e trovate un modo di sfruttarlo a fin di bene.

26 Giugno

Siate gentili con i secchioni; ci sono buone possibilità che un giorno finirete per lavorarci.

BILL GATES

Trattate sempre gli altri con la stessa gentilezza che vorreste fosse riservata a voi. La condizione sociale di una persona non dovrebbe mai influenzare il modo in cui vi comportate con lei, né essere motivo di un trattamento di favore. Dovreste sempre trattare chiunque con amore e gentilezza.

Compito Non pensate mai che qualcuno valga meno di voi, altrimenti sarete voi a valere meno di lui.

27 Giugno

Se non sai qual è la tua meta,
qualsiasi strada ti ci porterà.

LEWIS CARROLL

È più importante avere la volontà di crescere ed essere aperti a infinite possibilità piuttosto che sapere di preciso dove state andando. La vostra meta cambierà insieme a voi.

Compito Siate aperti a qualsiasi possibilità vi si presenti. Non saprete mai da dove vi arriveranno gioia e successo.

28 Giugno

Se per primi non amate voi stessi con tutti i vostri difetti e le vostre imperfezioni, non potete aspettarvi che qualcun altro lo faccia.

A volte la cosa che più ci rende insicuri è l'aspetto che gli altri apprezzano di più in noi. Non dovete uniformarvi agli altri. Siamo tutti individui unici e particolari, quindi iniziate ad accettare qualsiasi difetto pensiate di avere perché fa parte di voi.

Compito Siate fieri della vostra originalità. Nessun altro al mondo è come voi.

29 Giugno

Circondatevi solo di persone con cui riuscite a comunicare.

La comunicazione è fondamentale in ogni rapporto. Ci sono persone che possiedono caratteri incompatibili con il vostro. Non perdete tempo a cercare di scoprirne il perché. Frequentate chi vi desidera e vi capisce, tutto il resto si sistemerà.

Compito Se nella vostra vita c'è una persona con cui avete problemi di comunicazione, cercate di rimediare. Assicuratevi di rivolgervi a lei in tono rispettoso e amorevole perché solo così riuscirete a stabilire un contatto.

30 Giugno

Dobbiamo essere pronti a dimenticare la vita che abbiamo programmato per accettare quella che è in serbo per noi.

JOSEPH CAMPBELL

È bello coltivare idee, progetti e sogni, anche se non tutto andrà come avete immaginato. Elaborare scenari complessi può portare a cocenti delusioni, quindi è sempre meglio essere pronti ad accogliere i cambiamenti con mente aperta.

Compito Anche se è difficile, accettate quello che vi riserva la vita.

Luglio

1° Luglio

La vita è breve, quindi dovete dedicarvi a ciò che vi appassiona. Non c'è tempo da perdere.

Ricordo bene che a cinque anni volevo essere una superstar, sognavo di diventare la nuova Shirley Temple. Mi ero innamorata del canto, della danza e della recitazione, ed ero determinata a sfondare. Sono contenta di aver iniziato subito a sognare in grande perché questo mi ha permesso di concentrarmi su ciò che volevo davvero. Qualunque età abbiate, dovete inseguire i vostri sogni finché non li avrete realizzati. I sogni non si avverano se state seduti ad aspettare che diventino realtà. Non sarà mai tutto perfetto e forse non sarà come l'avete immaginato, ma dovete fare ciò che vi rende felici.

Compito Smettete di rimandare la realizzazione di un sogno importante. Fate il possibile perché si avveri.

2 Luglio

Se incontri uomini dal carattere opposto al tuo, guardati dentro ed esamina te stesso.

CONFUCIO

Se le azioni e i comportamenti degli altri ci danno fastidio, spesso significa che sono un riflesso di qualcosa contro cui stiamo lottando noi per primi. Tendiamo sempre a vedere negli altri un'immagine speculare dei nostri conflitti. Se ne prendiamo atto, soprattutto con noi stessi, smetteremo di proiettare sugli altri i nostri problemi. È importante scavare in profondità e chiederci cosa ci ha dato davvero fastidio. A volte possiamo scoprire cose veramente interessanti.

Compito Ci sono qualità o caratteristiche di un amico o parente che vi fanno ribollire il sangue? La cosa potrebbe essere collegata a voi più di quanto crediate: iniziate a lavorarci su.

3 Luglio

Ogni bambino è un artista. Il problema è restare tale una volta che si cresce.

PABLO PICASSO

Mantenere un animo innocente, fanciullesco e libero è fondamentale per essere felici. Siamo tutti artisti cui è stata donata la forza di creare e plasmare le nostre vite. Tenendo questo a mente, è importante avere sempre un atteggiamento di spensierata meraviglia e curiosità riguardo a noi stessi e al mondo che ci circonda.

Compito Crescere e diventare maturi non significa affatto rinunciare alle vostre passioni. Riservate sempre un po' di tempo alle cose che amate.

4 Luglio

Essere liberi non significa semplicemente spezzare le catene, ma vivere in modo tale da rispettare e valorizzare la libertà altrui.

NELSON MANDELA

Una vita onesta e autentica si basa sul rispetto della libertà altrui. Abbiamo la fortuna di vivere in un Paese libero, ma ogni giorno, nel mondo, vengono commesse ingiustizie. In quanto esseri umani abbiamo la responsabilità di fare tutto il possibile per garantire e incrementare la libertà delle persone che ci circondano.

Compito Non date per scontata la vostra libertà; imparate ad apprezzarla e aiutate gli altri a fare lo stesso.

5 Luglio

Il migliore antidoto all'imbarazzo è la sicurezza che vi permette di ridere di voi stessi.

Sono caduta sul palco un sacco di volte. La verità è che sono un'imbranata, ed è un aspetto di me che ho imparato ad accettare e persino a considerare con tenerezza. Se durante un concerto mi capita di cadere, invece di correre via imbarazzata preferisco mettermi in posa e sorridere. Se riesco a far ridere le persone prima che loro ridano di me, allora la caduta non è poi così dolorosa.

Compito Ridete un po' di voi stessi. Non prendete tutto troppo sul serio.

6 Luglio

La preghiera non è un ozioso passatempo per vecchie signore. Se compresa e applicata in modo corretto, è uno strumento potentissimo.

MAHATMA GANDHI

Molti pensano che pregare sia per definizione un rito formale che deve aver luogo in una chiesa, sinagoga o moschea. Io invece, quando prego, non necessariamente in un luogo sacro, parlo con Dio come se fosse il mio migliore amico e non nascondo ciò che sento. Anche se non credete in Dio e pregate l'universo, siate sinceri con voi stessi. Trasmettere al mondo la vostra energia significa essere aperti al cambiamento, disposti a imparare e a ricevere aiuto.

Compito Dite una preghiera, qualunque sia il vostro credo, e chiedete aiuto o consiglio per liberarvi di un peso che vi opprime.

7 Luglio

Se pensate alle vostre fortune invece che ai vostri problemi tutto cambierà per il meglio.

Dopo la terapia, mi sono resa conto che dovevo cambiare il mio modo di pensare e concentrarmi su ciò che avevo anziché preoccuparmi di ciò che mi mancava. E pensando alle persone e alle cose che mi rendevano felice, altri eventi positivi si sono verificati nella mia vita. Quando visualizzate e trattenete nella mente immagini positive, l'effetto è quasi quello di un incantesimo. È il potere della gratitudine.

Compito Fate una lista delle cinque persone su cui potete contare in qualsiasi circostanza.

8 Luglio

Tutti meritano di essere amati.

Ci meritiamo di sperimentare tutte le forme di amore. Le persone che sembrano più astiose e indegne di essere amate sono quelle che durante la loro infanzia non hanno ricevuto amore. È nostro dovere donare a chi ci circonda tutto l'amore che riserviamo a noi stessi. Non siete obbligati a passare del tempo con persone cattive e velenose, ma potete almeno regalare loro qualche pensiero positivo.

Compito Siate felici di poter provare, sperimentare, dare e ricevere amore. È una fortuna immensa.

9 Luglio

Se qualcuno pensa che "pace e amore"
sia solo un cliché da lasciarsi alle spalle
insieme agli anni Sessanta, è un problema suo.
La pace e l'amore sono eterni.

JOHN LENNON

Mi sarebbe piaciuto vivere negli anni Sessanta perché sono stati un'epoca incredibile nel campo della musica, dei diritti civili, della moda, della politica e della cultura. Ma una delle cose più significative di quel periodo è stata il movimento pacifista. Vedere unite persone di generazioni diverse in difesa della pace e dell'amore mi sembra a dir poco emozionante. Spero e prego che si possa continuare a praticare tolleranza, generosità, compassione, pace e amore ogni giorno della nostra vita. Ne abbiamo bisogno ora più che mai e tocca a ognuno di noi mettere in pratica e diffondere questi valori.

Compito Diffondete il messaggio di "pace e amore" ovunque andiate. Oggi distribuite abbracci spontanei.

10 Luglio

Segui ciò che ti rende felice e l'universo ti aprirà porte dove prima c'erano soltanto muri.

JOSEPH CAMPBELL

In un mondo pieno di difficoltà e di incognite, la regola di vita più semplice per me è fare ciò che mi rende felice. Il mondo si apre in modi imprevisti se avete il coraggio di pensare a tutte le possibilità. Fate ciò che vi rende felici, e ne nasceranno solo cose belle.

Compito Inseguite ciò che vi dà più soddisfazione e gioia.

11 Luglio

Nel pianto v'è una certa voluttà; e il dolore che si scioglie in lagrime trova un sollievo.

OVIDIO

Per quanto vi sentiate forti, ognuno di noi ha bisogno di sfogare le sue emozioni. Alcune persone piangono spesso, altre quasi mai. Per quanto mi riguarda, quando ho davvero bisogno di piangere e finalmente lo faccio, mi sento come nuova: è un modo di sfogarmi e lasciarmi andare, di esprimere la mia tristezza.

Compito Non è salutare tenersi dentro le emozioni forti, quindi date a esse libero sfogo.

12 Luglio

L'unica cosa che succede a un uomo
che dorme sono sogni.

TUPAC

Dovete lavorare sodo per ciò che desiderate, altrimenti i vostri sogni non si realizzeranno mai. Non basta aspettare che qualcosa succeda. "Aiutati che il ciel ti aiuta", e quelli che si aiutano ce la faranno.

Compito Ognuno di noi, senza eccezione, ha uno scopo: fate in modo di realizzarlo.

13 Luglio

Non abbiate paura di cadere. Il mondo da terra appare diverso.

OPRAH WINFREY

Fallimenti, sbagli, percorsi di apprendimento e nuovi inizi fanno tutti parte della vita. Se avessi interpretato come un fallimento la necessità di ricorrere a una terapia di recupero, non sarei dove sono oggi. Ho scelto invece di ricominciare da capo, di affrontare i miei problemi e rialzarmi in piedi. Credetemi, non è stato facile, perché era forte la tentazione di arrendermi e restare nella situazione in cui ero. Tuttavia, toccare il fondo mi ha consentito di intravedere una via d'uscita. I fallimenti non sono un marchio d'infamia, ci formano e ci fanno diventare persone migliori.

Compito Pensate ai fallimenti che vi hanno reso persone migliori.

14 Luglio

La gratitudine è il segreto della felicità.

Sono molto grata ai miei amici, familiari e fan che mi hanno sostenuta lungo il percorso verso la guarigione. Provo una riconoscenza profonda verso ogni singola persona che mi è stata accanto, perché mi ha trasmesso la forza di cui avevo bisogno per riconquistare la salute.

Compito Oggi ponetevi l'obiettivo di ringraziare tutti coloro che vi circondano perché sono nella vostra vita, soprattutto chi vi è stato vicino nei momenti difficili.

15 Luglio

Non dovreste mai chiedere scusa per il fatto di esistere.

Troppo spesso le persone si scusano per cose di cui non dovrebbero. È uno sbaglio che commettiamo tutti. Se ad esempio qualcuno ci viene addosso, chiediamo scusa anche se non è colpa nostra. Stiamo solo cercando di essere educati. Ma ciò che state facendo, in realtà, è dirvi che non siete degni di occupare quello spazio! Invece un posto sulla Terra ve lo meritate, qualunque esso sia.

Compito Siate fieri di dove vi trovate e della strada che avete percorso. Siete esattamente dove dovete essere.

16 Luglio

A volte bisogna mentire. Ma con te stessa devi sempre essere sincera.

LOUISE FITZHUGH

Non sentitevi in colpa quando commettete uno sbaglio perché ormai è fatto e certo non potete tornare indietro per porvi rimedio. Se, invece, non siete onesti con voi stessi ammettendo il vostro errore, allora sì che fate qualcosa di sbagliato. Tutti noi, nella vita, impariamo strada facendo, ed è importante riconoscere i nostri errori, anche quando non sono intenzionali. Chiedete scusa, ammettete di avere sbagliato, poi andate avanti a cuor leggero.

Compito Chiedete scusa a qualcuno per uno sbaglio commesso di recente, piccolo o grande che sia.

17 Luglio

Comportati sempre come se avessi sulla testa una corona invisibile.

ANONIMO

Quando dedichiamo al nostro lavoro gran parte di noi stessi, è davvero importante fare del nostro meglio. Qualsiasi cosa pensino gli altri del vostro operato, è importante riconoscere il valore delle vostre fatiche e della vostra creatività. La creatività, di solito, migliora con la pratica e l'esperienza. Ogni progetto intrapreso, in genere, riuscirà meglio del precedente. Non si tratta di diventare perfetti, ma di progredire gradualmente.

Compito In ogni situazione, non dimenticate mai di riconoscere il valore del vostro duro lavoro, della vostra perseveranza e della vostra creatività.

18 Luglio

Non cedere alle tue paure. Se lo farai,
non sarai in grado di parlare al tuo cuore.

PAULO COELHO

L'amore illumina ogni cosa, mentre la paura distorce la realtà e vi riempie la testa di pensieri negativi. La paura è un pretesto per non ascoltare ciò che vi dice il cuore. Tutti abbiamo le nostre paure. Ci vuole molta forza per superarle e farsi guidare dal cuore.

Compito Ascoltate il vostro cuore e fidatevi dell'istinto.

19 Luglio

Nella vita ottenete ciò che avete
il coraggio di chiedere.

OPRAH WINFREY

Diverse persone entreranno e usciranno dalla vostra vita. Non tutte vi faranno sentire bene, ma voi, senza pensarci troppo, quando è necessario, lasciatele andare. Chi rimarrà accanto a voi vi farà sentire al settimo cielo. Ma non contate troppo sugli altri per essere felici, altrimenti rischiate di rimanere delusi.

Compito Se qualcuno vi ha abbandonato, chiedetevi: fra un anno me ne importerà qualcosa? Ciò vi aiuterà a farvene una ragione e a vedere le cose nella giusta prospettiva.

20 Luglio

Ogni uomo ha le sue pene segrete di cui il mondo non sa nulla; e spesso chiamiamo freddo un uomo che è soltanto triste.

HENRY WADSWORTH LONGFELLOW

Non prendete tutto sul personale. Ciò che fanno e dicono le persone non dipende da voi, è una proiezione di come si sentono dentro. Quando le persone sono gentili con voi è perché sono gentili e affettuose con se stesse. Quando vi aggrediscono con le parole o le azioni, non è perché avete fatto qualcosa di male ma perché loro per prime stanno soffrendo. Abbiate pietà di chi se la prende con gli altri. Ignoriamo quali sofferenze si porta nel cuore.

Compito La prossima volta che vi viene detto qualcosa che vi ferisce, visualizzatelo come una goccia d'acqua che vi scivola addosso e cade per terra.

21 Luglio

I bambini hanno solo bisogno di un po' d'aiuto, di un po' di speranza e di qualcuno che creda in loro.

MAGIC JOHNSON

La speranza è uno dei doni più preziosi da fare ai piccoli. Tanti bambini vengono da famiglie disastrate e hanno bisogno di amore, affetto e sostegno. Se date speranza a un bambino, lui potrà vedere tutti i sogni che è in grado di realizzare.

Compito Uscite dal vostro egoismo e fate del volontariato per i bambini meno fortunati.

22 Luglio

Non tutti i problemi che vengono affrontati possono essere risolti, ma un problema non può essere risolto se non è affrontato.

JAMES BALDWIN

Il bullismo ha avuto un impatto devastante su di me. Ho permesso a lungo alla sofferenza di definirmi come persona, ma ho compiuto un passo enorme quando ho detto alla ragazza che era stata prepotente con me come mi avesse ferito con le sue parole, come mi avesse convinto che non valevo niente. Le ho parlato dei miei problemi emotivi e fisici, ma lei quasi non ricordava nulla, convinta che avessi dimenticato tutto dopo essere diventata famosa. Mi ha sconvolto una tale differenza di percezione, ma soprattutto mi sono sentita liberata di un enorme peso. L'ho perdonata, e questo mi ha reso più forte e più consapevole.

Compito Pensate a una persona che vi ha fatto del male. Cercate di provare compassione per lei e di guardare oltre i suoi errori.

23 Luglio

È più facile prevenire le cattive abitudini che abbandonarle.

BENJAMIN FRANKLIN

Ora è il momento di lasciarvi alle spalle le cattive abitudini. Possono solo ostacolare la vostra guarigione. A volte non ci rendiamo conto del male che ci fanno le cattive abitudini. Abbiamo paura di abbandonarle, ma dobbiamo farlo, non c'è tempo da perdere.

Compito Fate l'inventario delle vostre cattive abitudini. Hanno un effetto positivo sulla vostra vita?

24 Luglio

Tutto alla fine andrà bene, se non accade significa che non è ancora la fine.

ANONIMO

Quando attraversiamo un periodo difficile, abbiamo la sensazione che la nostra vita sia finita. Ma non è affatto così. All'inizio della terapia ero convinta che la mia vita fosse finita, che la mia carriera fosse giunta al termine e che non sarei più piaciuta a nessuno. Pensavo che fosse la fine, in realtà era il primo giorno del resto della mia vita. Qualsiasi cosa stiate passando, potete ricominciare da capo e cogliere la positività di un nuovo inizio.

Compito Datevi il giusto tempo di metabolizzare le difficoltà che state vivendo. Non è mai troppo tardi per ricominciare da zero.

25 Luglio

La vostra passione è infinita.

Quando entrate in contatto con la passione che avete dentro, non ci sono più limiti. La passione è la forza propulsiva di ogni arte e sta a voi fare qualcosa di bello della vostra vita.

Compito Ricordatevi che siete capaci di grandi cose, se lavorate sodo.

26 Luglio

Fate la vostra parte per rendere il mondo un posto migliore.

Credo che sia molto importante lasciare questo mondo in condizioni migliori di come lo abbiamo trovato, pensando alle generazioni future. Essere un personaggio pubblico mi ha regalato possibilità straordinarie di sdebitarmi, fare volontariato ed entrare in contatto con tante persone. Ho avuto il privilegio di essere un riferimento per bambini e adulti con problemi relazionali, alimentari e psicologici. Ognuno di noi è più sensibile a determinate problematiche, quindi, qualsiasi cosa vi appassioni, date il vostro contributo per cambiare le cose.

Compito Sollevate la cornetta del telefono e offritevi come volontari per un'associazione benefica.

27 Luglio

Il successo sta nel diventare ciò che sei.

ANONIMO

Una delle cose più impegnative della vita è capire chi siete destinati a diventare. Se vi state sforzando di diventare ciò che siete, siete già molto più avanti di tanti altri.

Compito Sostenete un amico che si sente perso. Magari potete aiutarlo nel cammino verso la conoscenza di sé.

28 Luglio

Nessuno ha il potere che noi gli attribuiamo.

ALICE WALKER

Può capitare a tutti di identificarsi con un personaggio letterario; nel mio caso è sempre stata Cenerentola. Viveva all'ombra delle sue sorellastre ed era costretta a fare la serva finché, un giorno, il suo destino cambiò radicalmente. Quando ero più piccola, tutti mi conoscevano come la sorella minore di Dallas Lovato. Pur essendo fiera che fosse mia sorella, mi è sempre sembrato di vivere alla sua ombra e di non poter splendere della mia luce. Superare questo ostacolo è stata una tappa importante del cammino che mi ha condotto ad amare me stessa. Oggi ho un rapporto più sano con mia sorella, proprio perché ho cancellato l'invidia che provavo nei suoi confronti.

Compito Non accontentatevi di vivere all'ombra di qualcun altro. Cambiate musica e iniziate ad amare voi stessi.

29 Luglio

Non perdete mai la speranza.
La sensazione più bella al mondo è sapere che
le possibilità sono infinite.

ANONIMO

Nei momenti più bui è sempre possibile intravedere un raggio di luce e un piccolo seme di speranza. Aggrappatevi a questa speranza e lasciate che l'eccitazione per tutte le infinite possibilità vi sia di stimolo.

Compito Quando siete giù, cercate dentro di voi quel barlume di speranza e sbizzarritevi nell'immaginare ciò che verrà.

30 Luglio

Tutto passa.

ANONIMO

Se rifletto su alcune esperienze dolorose che ho vissuto, mi rendo conto di quanto sia stato difficile superare la tristezza e il dolore. So bene che il tempo non guarisce completamente le ferite, ma so anche che rende il dolore più sopportabile. Non importa quanto ci vuole, prima o poi vi sentirete meglio. Accetterete ciò che è successo.

Compito Anche se oggi vi sentite giù, sappiate che le cose cambieranno, e fate sì che questo pensiero vi renda, per il momento, felici. Andrà meglio, di sicuro.

31 Luglio

Sii te stesso; tutto il resto è già stato preso.

OSCAR WILDE

Tutti talvolta ci sentiamo smarriti. Guardando i nostri amici, colleghi, coinquilini, persino gli sconosciuti, pensiamo che forse il segreto della felicità sia essere un'altra persona o cambiare ciò che siamo. Vi assicuro che questo non può che rendervi ancora più infelici. Un conto è lasciarsi ispirare e influenzare da una persona che ha buon gusto e valori solidi. Un altro pensare che diventando come lei sarete più felici.

Compito Siate voi stessi, oggi e ogni giorno.

Agosto

1° Agosto

La speranza può trionfare su qualsiasi difficoltà.

Nella mia vita mi sono spesso sentita persa, distrutta, confusa e sofferente. Alti e bassi mi hanno insegnato che devo sempre avere fede. Oggi so che, finché riesco a conservare speranza e fede, tutto andrà bene.

Compito Pensate a un momento della vostra vita in cui vi siete sentiti disperati e ricordatevi come avete fatto a superarlo. Affrontate con lo stesso atteggiamento i problemi futuri. Potete superare ogni difficoltà.

2 Agosto

L'amore è la risposta, di questo siamo certi;
l'amore è un fiore, bisogna farlo crescere.

JOHN LENNON, *Mind Games*

Ogni tipo di relazione richiede amore e rispetto. Coltivate giorno per giorno il rapporto con voi stessi e con i vostri amici e familiari. Non basta dire "Ti voglio bene". Bisogna dedicare tempo e impegno a dimostrare il proprio amore con parole e azioni.

Compito Dimostrate con i fatti che volete davvero bene a una persona. A volte dire "Ti voglio bene" non basta.

3 Agosto

Ci vuole molto coraggio per crescere e diventare ciò che si è.

E.E. CUMMINGS

Crescere è difficile, e proprio quando pensate di essere giunti alla fine di questo percorso, vi rendete conto di aver appena cominciato. All'inizio della terapia, credevo di aver superato tutti i miei problemi. La verità è che non dovete mai smettere di lavorare su voi stessi e in vista della vostra guarigione. È pericolosamente facile sentirsi troppo sicuri di sé, ci vuole coraggio per andare avanti e accettare il cambiamento.

Compito Superate ogni ostacolo che trovate sulla vostra strada per diventare la persona che siete davvero.

4 Agosto

A ogni azione corrisponde una reazione uguale e contraria.

NEWTON, *Terza legge della dinamica*

Quando mio padre è morto, ho provato una sofferenza così profonda da spezzarmi il cuore. Ma, nonostante ciò, non avevo perso la speranza. Per me era importante non solo accettare il dolore, ma anche servirmene per costruire qualcosa di grandioso.

Anche se io e mio padre non avevamo un grande rapporto, a causa di alcuni suoi disturbi mentali e problemi di dipendenza, ho deciso di onorare la sua memoria creando la Borsa di studio Lovato alla Cast Recovery per aiutare persone che stanno affrontando problemi analoghi. Sono riuscita così a trasformare un momento tragico della mia vita in qualcosa di positivo.

Compito La prossima volta che vi trovate in una situazione triste, provate a individuare il modo di capovolgerla e trasformarla in qualcosa di positivo.

5 Agosto

Noi siamo quello che facciamo più spesso; l'eccellenza non è un'azione ma un'abitudine.

ARISTOTELE

L'eccellenza esige allenamento e pazienza. Deve diventare un automatismo, qualcosa che facciamo senza pensarci, come lavarsi i denti. Le abitudini salutari devono farsi parte integrante della nostra quotidianità, perché ci aiutano a diventare persone migliori. Se ogni giorno vi sforzate di essere migliori, prima o poi lo diventerete.

Compito Scoprite cosa vi piace e cosa vi fa bene e trasformatelo in abitudine.

6 Agosto

Dobbiamo sopravvivere, per quanti cieli ci siano crollati addosso.

D.H. LAWRENCE

Le cose capitano per il motivo giusto al momento giusto, quindi non opponete resistenza. Accettate i doni e le sfide con semplicità e naturalezza.

Compito Se oggi state lottando contro qualcosa, arrendetevi.

7 Agosto

Non amo il gioco d'azzardo, ma c'è una cosa su cui sono pronta a scommettere: me stessa.

BEYONCÉ

La terapia è stata un viaggio doloroso e umiliante che mi ha permesso di conoscere la vera me stessa in un modo che mai avrei creduto possibile. Sapere e accettare che non sarò mai perfetta mi ha regalato un'enorme libertà. La guarigione comporta uno sforzo quotidiano, ed è importante continuare a lavorarci. Non posso cedere alla pigrizia o dare tutto per scontato, fa parte del mio processo di apprendimento.

Compito Che stiate o no affrontando un percorso di guarigione, pensate alla strada che avete fatto e al modo in cui potete continuare a migliorare e arricchire la vostra vita giorno per giorno.

8 Agosto

L'unico vero viaggio è non andare
verso nuovi paesaggi, ma avere altri occhi.

MARCEL PROUST

È importante guardare il mondo con occhi bene aperti. Cercate sempre di trovare qualcosa di nuovo anche nelle situazioni più ordinarie. È fantastico poter girare il mondo, ma non serve a niente se non siete disposti a vedere la realtà in una nuova prospettiva.

Compito Cercate di vedere qualcosa o qualcuno da una nuova prospettiva. Abbandonate ogni pregiudizio.

9 Agosto

Ricordati che solo Dio può giudicarti.
Non pensare a chi ti odia perché qualcuno ti ama.

MILEY CYRUS, *We Can't Stop*

È impossibile accontentare tutti. L'unica cosa su cui dovete concentrarvi è vivere la vostra vita. Se a qualcuno non piace ciò che fate, ricordatevi che non è colpa vostra e continuate a esprimervi spontaneamente.

Compito Non dovete badare a come le persone vi percepiscono. Finché continuerete a migliorarvi e a cercare la felicità, il resto non conta.

10 Agosto

Se volete avere successo in questo mondo, dovete imparare a comunicare.

Se imparate a comunicare, non c'è problema che non sarete in grado di risolvere. Ciò non significa trovarsi sempre d'accordo con gli altri, né che gli altri saranno sempre d'accordo con voi. Ma questo è abbastanza irrilevante, se avrete la maturità e la pazienza di accettare i differenti punti di vista. Ci sarebbero molti meno conflitti se le persone discutessero dei problemi invece di ricorrere alla violenza.

Compito Avete un amico o un familiare con cui fate molta fatica ad andare d'accordo? Forse è arrivato il momento di riprovarci. Tentar non nuoce.

11 Agosto

Dunque, la morale della storia è: chi sei tu per giudicare? Di vero giudice ce n'è uno solo, Dio. Quindi rilassati e lascia che mio Padre faccia il Suo lavoro.

SALT-N-PEPA, *None of Your Business*

Non sprecate il tempo a giudicare gli altri, non è compito vostro. Non siete destinati a questo. Siete qui per migliorare voi stessi e ricoprire di amore e gentilezza tutti quelli che conoscete.

Compito Non giudicate gli altri, sfruttate il tempo che avete a disposizione per fare qualcosa di buono.

12 Agosto

Se vogliamo vivere tutti in pace,
dobbiamo conoscerci meglio.

LYNDON JOHNSON

Per poter convivere in pace dobbiamo rispettarci reciprocamente. Non è necessario essere d'accordo su tutto, ma rispettare e accettare tanto le nostre differenze quanto le nostre somiglianze.

Compito Sforzatevi di conoscere meglio un collega, un coinquilino, un compagno di scuola o una persona nuova. Potreste essere sorpresi da quante cose avete in comune o da quanto sarà apprezzata la vostra iniziativa.

13 Agosto

Colui che fa soffrire gli altri
è spesso colui che soffre di più.

Quando da adolescente sono stata vittima di bullismo, mi arrabbiavo molto per il male che mi facevano. Ora capisco che quelle persone soffrivano quanto me, solo che avevano un modo diverso di manifestarlo. Oggi, quando ripenso a loro, per quanto possa sembrare folle, vorrei abbracciarle perché ho compreso che allora avevano solo bisogno di amore e compassione.

Compito Oggi pensate a una persona che vi ha fatto del male in passato. Provate compassione, perché di sicuro era lei la prima a soffrire.

14 Agosto

Siete voi a insegnare alle persone come devono trattarvi attraverso ciò che consentite, ciò che impedite e ciò che incoraggiate.

TONY GASKINS

Se siete estroversi, ricordatevi che non tutti lo sono altrettanto. Dovremmo sempre prestare attenzione agli altri e a ciò che li fa sentire a loro agio. Non invadete lo spazio altrui. Se qualcuno cerca di violare il vostro, esortatelo a rispettarlo. In momenti particolarmente stressanti della mia vita alcuni hanno cercato di invadere la mia privacy, per questo ho dovuto mettere dei paletti o fare un passo indietro.

Compito Siate consapevoli e rispettosi degli spazi altrui. Solo perché voi vi sentite a vostro agio comportandovi in un certo modo, non significa che per un altro sia lo stesso.

15 Agosto

Abbiate compassione per tutti, i ricchi come i poveri; ognuno a suo modo soffre. Alcuni soffrono troppo, altri non abbastanza.

BUDDHA

Talora ci accade di confrontare i nostri problemi con quelli degli altri, e finiamo per sentirci in colpa, non dando il giusto peso ai nostri sentimenti. Quando mi sono rotta la caviglia, è stata una vera seccatura, anche se mi rendevo conto che, dall'altra parte del mondo, forse qualcuno stava morendo di sete. A volte ci vergogniamo perché c'è gente che soffre più di noi, ma ogni dolore, in quanto tale, ha una sua dignità. E se non avete sofferto quanto un'altra persona, ciò non significa che anche voi non abbiate attraversato un momento difficile.

Compito In qualsiasi situazione vi troviate, ricordatevi di non reprimere le vostre emozioni. Considerate e rispettate i vostri sentimenti come se appartenessero a qualcun altro.

16 Agosto

Non confrontatevi con gli altri, altrimenti vi farete un grosso torto.

Non esistono due persone uguali: è questo a renderci così speciali e meravigliosi. È tipico della natura umana giudicare se stessi e il prossimo e, quando ci si sente sicuri, iniziare a fare confronti. E così ci ritroviamo a pensare che gli altri siano più belli, più ricchi o più dotati. Ma tutto ciò è irrilevante, perché gli altri non sono voi e non lo saranno mai. Siete stati creati esattamente come dovevate essere.

Compito Ricordate, al mondo non c'è nessuno che abbia il vostro cuore, e questa è già di per sé una cosa straordinaria.

17 Agosto

Lascia che tutto ti accada, bellezza e terrore.
Si deve sempre andare:
nessun sentire è mai troppo lontano.

RAINER MARIA RILKE

Quando siamo immersi in una certa emozione, siamo portati a credere che durerà per sempre. Il segreto è non opporle resistenza, perché ciò non farebbe che aumentare il dolore. Siamo su questa Terra per sperimentare tutta la gamma delle emozioni: bellezza e terrore, dolore ed estasi, allegria e tristezza. Non potete esercitare un controllo totale sui vostri sentimenti, quindi è importante lasciare che gli eventi facciano il loro corso, sapendo che non dureranno per sempre.

Compito Ricordatevi che la sofferenza fa parte della vita. Ci aiuta ad apprezzare i momenti più sereni.

18 Agosto

Se non gestisci tu la giornata, sarà la giornata a gestire te.

JIM ROHN

Svegliandovi di malumore, potrà capitarvi di pensare che l'intera giornata non andrà per il verso giusto. Ma, che ci crediate o no, è in vostro potere mutare il vostro umore e decidere di non farvi influenzare negativamente da un brutto pensiero o da una sensazione spiacevole. Non dico che sia sempre facile, a volte può essere dura, lo so. Ma provateci, e cercate di rendere la vostra giornata più luminosa e positiva.

Compito Oggi agite in base alla legge dell'attrazione. Qualsiasi cosa vi accada, continuate a diffondere energia positiva e osservate cosa riceverete in cambio.

19 Agosto

Fate piccole cose con grande amore.

MADRE TERESA

Se nella vita agirete con tutto l'amore di cui siete capaci, lascerete un segno più profondo di quanto possiate immaginare.

Compito Anche la più umile delle cose merita tutto il vostro amore. Dovremmo dedicare la stessa quantità di amore e attenzione tanto a cose semplici come un abbraccio o un "ti voglio bene", quanto alle azioni più grandiose.

20 Agosto

Anche i miracoli richiedono del tempo.

Cenerentola

Da bambini pensiamo che i desideri si avverino con un colpo di bacchetta magica o uno schiocco di dita. Non voglio dire che a volte le cose meravigliose non possano accadere in fretta, ma spesso ciò richiede tempo. Credere nei miracoli mi dà la forza di andare avanti.

Compito Abbiate pazienza. Anche i grossi cambiamenti della vita hanno bisogno di tempo.

21 Agosto

Non dovete a nessuno il vostro tempo, solo a voi stessi. Prendetevi il tempo che vi serve. Rispettate voi e la vostra privacy. Mettete dei paletti.

Una delle cose che ho imparato riguarda la capacità di difendermi e stabilire dei confini. È difficile, a volte persino doloroso. Sul lavoro e nella vita di tutti i giorni, mettete dei paletti fra voi e gli altri. Fate in modo che conoscano le vostre esigenze e i vostri limiti. Assicuratevi che la vostra dimensione più intima venga rispettata. Non è facile, ma ne vale la pena.

Compito Oggi mettete dei paletti nella vostra vita professionale o personale.

22 Agosto

Grazie a mia madre non ho mai sprecato nemmeno un attimo a chiedermi se sono un genio o un pazzo. Pensare a queste cose è una perdita di tempo.

WOODY ALLEN

Potete passare tutta la vita a preoccuparvi di ciò che gli altri pensano di voi, ma così facendo sprecherete ogni energia dando eccessiva importanza a cose che non potete controllare. Il parere degli altri non conta. Non potete essere paragonati a nessuno e non è per questo che siamo creati. Andare a letto la sera pensando che avete fatto del vostro meglio e di aver agito con bontà, onestà e compassione nei confronti degli altri e di voi stessi: questo è fondamentale.

Compito Impiegate le vostre giornate con saggezza, concentratevi sulle cose importanti, non su quelle irrilevanti che non potete controllare, altrimenti saranno esse a controllare voi.

23 Agosto

Trovate il vostro scopo, trovate la vostra voce.

Tutti siamo qui per una ragione. Alcuni di noi capiscono sin da giovani cosa vogliono diventare, altri potrebbero avere bisogno di più tempo per scoprirlo. In ogni caso, siete sulla Terra per uno scopo ben preciso. La vostra voce è unica e meravigliosa. Quando scoprirete cosa vi rende felici, accoglietelo a braccia aperte e non permettete a nessuno di impedirvi di vivere i vostri sogni.

Compito Elencate tutto ciò che volete realizzare nella vita. Non importa se i vostri sogni sembrano troppo grandi, sognare in grande è ancora più bello.

24 Agosto

Fate di tutto per non avere rimpianti.

ANONIMO

Nessuno è perfetto, ed è importante imparare a perdonare se stessi. Non ossessionatevi con i vostri errori passati. Più ci rimuginate sopra, più vi condizioneranno. È meglio lasciarseli alle spalle, imparare quello che possono insegnarci e andare avanti per la propria strada.

Compito Perdonatevi per uno sbaglio commesso o per qualcosa che rimpiangete di aver fatto. Smettete di rimuginarci sopra.

25 Agosto

Alla fine ci sono solo tre cose che contano: quanto avete amato, con quanta bontà avete vissuto, e con quanta grazia avete rinunciato a ciò che non vi era destinato.

BUDDHA

Perché passiamo più tempo a pensare all'unica cosa che non abbiamo ottenuto piuttosto che alle tante cose meravigliose della nostra vita? È possibile che la cosa che avete desiderato disperatamente e vi è sfuggita non fosse fatta per voi. Nel frattempo, guardatevi attorno e siate riconoscenti per tutto l'amore e la felicità che avete adesso.

Compito Pensate a una cosa che avete desiderato tanto e non avete mai ottenuto, scoprendo più tardi che è stato meglio così.

26 Agosto

Quando vi impegnate al massimo per vivere i vostri sogni, incoraggiate gli altri a fare lo stesso.

Più vi impegnate a realizzare i vostri sogni, più infondete energia nelle altre persone. Il coraggio di vivere i vostri sogni trasmetterà agli altri l'ispirazione, la libertà e la forza di inseguire i propri. Siate un esempio vivente di ciò che a tanti pare impossibile. Non c'è regalo più grande che potete fare a queste persone.

Compito Se siete timorosi o poco energici nel perseguire i vostri sogni, passate del tempo con un amico più motivato e traete ispirazione da lui.

27 Agosto

Fedeltà e sincerità
siano i tuoi primi principi.

CONFUCIO

Sincerità e fedeltà sono due valori fondamentali nella vita. Senza questi principi, il mondo non avrebbe più alcun significato. Ogni giorno cerco di fare del mio meglio per essere sincera con me stessa, i miei amici e i miei fan.

Compito Quali valori considerate fondamentali? Assicuratevi che le vostre azioni quotidiane corrispondano al vostro codice etico.

28 Agosto

Non si può fare niente al mondo senza coraggio. È la virtù più grande insieme all'onore.

ARISTOTELE

Spesso non diamo il giusto valore al coraggio che possediamo. Forse c'è chi ne ha di più, ma in fondo, anche se avete tentato e fallito, avete già vinto. Ci avete provato, e ciò richiede più coraggio di qualsiasi altra cosa.

Compito Oggi date il meglio in ogni cosa che fate.

29 Agosto

Potete passare minuti, ore, giorni, settimane o mesi a rimuginare su una situazione, a cercare di mettere insieme i pezzi, a immaginare cosa sarebbe potuto accadere... oppure potete lasciare i pezzi per terra e passare ad altro.

TUPAC

Se vi ostinate a trascorrere le giornate vivendo nel passato, scoprirete di non essere felici, perché vi state perdendo tutta la gioia e la meraviglia del presente. Concentratevi sul momento che state vivendo. Concentratevi sulla respirazione e siate riconoscenti per le mete che avete raggiunto. Tendiamo a guardare troppo spesso al passato o al futuro, mentre la vera felicità è sotto il nostro naso.

Compito Se sprecate il vostro tempo a vivere nel passato, non sarete capaci di vivere il presente. Oggi sforzatevi di guardare avanti.

30 Agosto

Il vostro tempo è limitato, non sprecatelo vivendo la vita di un altro.

STEVE JOBS

Quando ho iniziato ad avere successo come artista, misuravo la mia felicità in base a quel successo. Ma così facendo mi sono resa conto di non riuscire a trovare un equilibrio. Non sarei mai stata felice con me stessa se avessi consentito alle opinioni altrui di definire ciò che sono. Oggi sono grata di possedere la forza e l'autostima necessarie per gestire gli alti e bassi della mia carriera.

Compito Trovate la VOSTRA forza nell'amore per voi stessi senza lasciarvi influenzare dai giudizi altrui.

31 Agosto

Date ciò che volete ricevere. Se desiderate la felicità, rendete felici gli altri.

RUSSELL SIMMONS

Secondo la legge dell'attrazione, vi viene restituito ciò che date. Più amore elargite, più amore attirate. Più amore attirate, più amore riceverete. Quando diffondiamo energia positiva, ci sentiamo bene. E facciamo sentire bene chi ci sta intorno.

Compito Siate l'esempio luminoso di ogni valore e ideale che vi è caro.

Settembre

1° Settembre

Sono brava abbastanza, bella abbastanza, e non ho bisogno di altro per sentirmi completa.

ANONIMA

Ci sentiamo davvero completi quando siamo sicuri della nostra bellezza e della nostra forza interiore. Ognuno di noi ha idee diverse su ciò che lo rende felice e su come vivere la propria vita. Queste idee cambiano con il tempo, in base all'esperienza personale, fatta di tentativi ed errori. Dobbiamo evolverci di continuo e modificare queste idee durante il percorso di crescita. Se restiamo fedeli alla nostra voce e alla nostra identità più profonda ci sentiremo sempre completi.

Compito Oggi ricordatevi che non avete bisogno di nessuno che vi completi perché vi completate da soli.

2 Settembre

L'amore fa sgusciare l'anima fuori dal suo nascondiglio.

ZORA NEALE HURSTON

I pettegolezzi, le critiche, il bullismo e altre esperienze negative possono far nascere in noi il desiderio di nascondere i nostri reali sentimenti, che si tratti di tristezza, gioia o amore. A volte non è facile essere se stessi, nemmeno con le persone che ci vogliono bene. Se accogliete l'amore della famiglia e degli amici, il vostro cuore e la vostra anima prenderanno il volo.

Compito Prendetevi del tempo per apprezzare le persone che vi amano, vi sostengono e vi accettano per ciò che siete.

3 Settembre

Ieri è storia, domani è un mistero, oggi è un dono. Per questo è chiamato presente.

A.A. MILNE

Nessuno sa quanto durerà il suo cammino su questa Terra; non dovete sprecare tempo a preoccuparvi per il futuro. Dovete piuttosto apprezzare il momento che state vivendo e cercare di godervelo fino in fondo.

Compito Rendetevi conto che il tempo a vostra disposizione è limitato e impegnatevi a vivere ogni giorno al massimo. In che modo, oggi, potete vivere con maggiore pienezza?

4 Settembre

Non è stato il carcere a farmi trovare Dio; lui è sempre stato lì. Possono rinchiudermi, ma il mio spirito e il mio amore non rimarranno mai confinati entro le mura di una prigione.

LIL WAYNE

Nessuno può porre dei limiti al vostro spirito o alla vostra anima. Qualsiasi confine o divieto le persone cerchino di creare attorno a voi, la capacità di amare se stessi e gli altri può smuovere le montagne.

Compito Non lasciatevi bloccare da limiti emotivi.

5 Settembre

La vita è bella... E voi ne siete degni.

Non svalutatevi *mai*. Non dimenticate *mai* quanto siete speciali. In certe situazioni, alcuni potrebbero farci credere di non essere all'altezza degli standard della società. Ma sentirsi così è normale. Dovete solo trovare un vostro modo per liberarvi da questo stato d'animo negativo.

Compito Ricordatevi che siete splendidi così come siete.

6 Settembre

Ogni mattino è una rinascita. Ciò che facciamo oggi è la cosa più importante.

BUDDHA

Nulla è definitivo, perché ogni giorno possiamo rinascere a una vita sempre piena di nuove possibilità. Siete liberi di svegliarvi un giorno e di decidere di girare il mondo, cambiare lavoro o contattare un amico che non sentite da anni. Ogni giorno è pieno di nuove idee e possibilità.

Compito Oggi fate qualcosa di inatteso e insolito. Liberatevi.

7 Settembre

Camminiamo infatti nella fede e non nella visione.

2 CORINZI 5:7

Se mi fossi azzardata a vivere e a sognare solo in base a ciò che avevo a portata di mano, non sarei mai arrivata dove sono oggi. Invece ho avuto fiducia nei miei sogni, nella mia immaginazione, nel potere dei miei pensieri e nella speranza di una vita migliore. Avrei potuto permettere che le prepotenze subite e gli insulti ricevuti a scuola decidessero della mia vita, ma non l'ho fatto. Ho scelto di non rassegnarmi a una vita che sembrava scontata, ho avuto fede nella possibilità che i miei sogni mi aiutassero a superare i momenti difficili e finissero per condurmi là dove volevo arrivare.

Compito Qual è il vostro sogno più grande? Ditelo ad alta voce e convincetevi che è a portata di mano se credete in esso e in voi stessi.

8 Settembre

Per anni sono stata infelice perché non accettavo le mie emozioni e mi sforzavo di non perdere il controllo.

Per molto tempo non mi sono resa conto che, nel tentativo disperato di tenere tutto sotto controllo, mi stavo allontanando da me stessa. Le sostanze da cui dipendevo mi davano l'illusione di poter controllare ogni cosa. Mi portavo dietro un carico enorme di sofferenza, e quelle sostanze mi aiutavano a lenire il dolore. All'inizio della terapia, ho temuto di perdere completamente il controllo perché non avevo più niente dietro cui nascondermi, e ciò mi provocava un senso di smarrimento. Non capivo che avevo bisogno di lasciarmi guidare da qualcosa di più grande. Oggi sono felice di aver lasciato fluire le mie emozioni e aver chiesto l'aiuto necessario.

Compito Quando qualcuno vi chiede come state, non rispondete "bene" tanto per dire: confidategli come vi sentite davvero.

9 Settembre

Non conosco il segreto del successo,
ma il segreto del fallimento è cercare
di accontentare tutti.

BILL COSBY

Cercando di compiacere gli altri, li fate felici, ma alla lunga finirete, volenti o nolenti, per sentirvi insoddisfatti. Che siate giovani e ancora immaturi o adulti e sicuri di voi, non dovete cambiare per nessuno.

Compito Vivete la vita che volete, e tutto il resto, quando sarà il momento, si sistemerà.

10 Settembre

Fate qualcosa di meraviglioso; forse gli altri vi imiteranno.

ALBERT SCHWEITZER

Le buone azioni sono contagiose, ma a volte, chissà perché, le persone non si arrischiano a compierle. Forse temono di allontanarsi da ciò che conoscono e di sentirsi a disagio. È importante dare un buon esempio a chi vi sta intorno, perché è probabile che gli altri lo seguiranno.

Compito Fate la prima mossa e siate di esempio agli altri con le vostre buone azioni.

11 Settembre

Se in questo momento anche un solo pensiero animato da violenza o odio attraversa la nostra mente, contribuiamo a ferire il mondo.

DEEPAK CHOPRA

La violenza è una scorciatoia molto facile, ma genera solo altra violenza. Dialogo, onestà e diplomazia sono gli strumenti di cui ci si dovrebbe servire per garantire la pace nel mondo; questo potrebbe sembrare un obiettivo impossibile, ma è importante tendere a esso.

Compito Non occorre essere un politico per porre fine alle guerre e garantire la pace. Assicuratevi che le vostre parole e le vostre azioni nascano da un'intenzione amorevole.

12 Settembre

Anche quando avete ragione, non trascurate la prospettiva del vostro interlocutore.

Per quanto siate sicuri di avere ragione in una determinata situazione, ci sono buone possibilità che la persona con cui avete litigato o discusso sia altrettanto convinta di essere nel giusto. Spesso i conflitti si complicano perché non esiste una risposta o una soluzione univoca. Ogni medaglia ha due facce ed è importante ascoltare tutti i punti di vista prima di prendere una decisione.

Compito Tenete la mente aperta e siate pronti ad ascoltare l'opinione del vostro interlocutore. Magari vi farà notare un aspetto che non avete mai preso in considerazione aiutandovi nel vostro percorso di crescita.

13 Settembre

Se non vuoi cadere domani, di' la verità oggi.

BRUCE LEE

Ognuno di noi ha raccontato un sacco di bugie, grandi e piccole... credo che sia umano. Anche se avete raccontato una bugia innocente, guardatevi dentro, rimediate subito e chiedete scusa.

Compito Oggi non dite bugie, nemmeno piccole.

14 Settembre

Non c'è niente di più affascinante di una persona consapevole del suo valore.

Le persone che sanno bene chi sono e non scendono a compromessi possiedono un notevole fascino. Quando entriamo in una stanza e siamo sicuri di noi, tutti lo percepiscono. La verità è che la bellezza fisica svanisce, ma la bellezza interiore, la serenità e l'amore per se stessi durano per sempre, se solo li alimentate.

Compito Abbiate fiducia in voi stessi e lasciate che questa sicurezza si riveli.

15 Settembre

Ciò che gli altri pensano di me non è affar mio.

ANONIMO

Tutti, prima o poi, ci ritroviamo a rimuginare su ciò che gli altri pensano di noi. Ognuno ha diritto ad avere la sua opinione, ma questa non deve in alcun modo influenzare ciò che fate della vostra vita. Sono affari vostri. Se permettete ai pensieri e ai valori altrui di stabilire come dovete vivere, la vostra vita smette di appartenervi.

Compito Accettate le critiche costruttive, ma non permettete mai alle opinioni altrui di indurvi a cambiare.

16 Settembre

Voi siete gli amici che sceglieste di avere accanto.

Ho scoperto che le persone di cui mi circondavo riflettevano alcuni aspetti della mia personalità. Se facevano uso di droghe mentre io me ne astenevo, una piccola parte di me era tentata di fare lo stesso. Ho imparato che non potevo essere amica di persone ancora malate. Sono stata costretta a tagliare fuori dalla mia vita chi poteva trascinarmi a fondo con sé . Ora che sto guarendo ho deciso di circondarmi di persone positive con valori solidi e una loro integrità morale.

Compito Cosa guardate di più in un amico? Scrivete virtù e valori che considerate fondamentali, e assicuratevi che le persone di cui vi circondate li possiedano.

17 Settembre

Non dovete essere uguali agli altri.
Amate ciò che siete.

LEA MICHELE

Chiunque, indipendentemente dal suo successo, talvolta si sente insicuro. La cosa più importante è essere coscienti che capita a tutti. Solo quando accettiamo quella sensazione possiamo rendercene conto e andare avanti con la nostra vita.

Compito Quando vi sentite un po' insicuri, guardatevi allo specchio e incoraggiatevi con frasi positive.

18 Settembre

Niente funziona se voi non funzionate.

MAYA ANGELOU

Dovete mettervi nelle condizioni di dare il massimo in tutto quello che fate. Ciò significa dormire a sufficienza, mangiare sano, fare esercizio fisico, meditare e prendervi cura della vostra mente, del vostro corpo e della vostra anima. A volte crediamo che solo sfinendoci il nostro impegno sarà riconosciuto, ma vi garantisco che è molto meglio trovare un equilibrio. Vi sentirete più felici, sarete più produttivi e il vostro lavoro sarà qualitativamente migliore.

Compito Analizzate la vostra vita e trovate un equilibrio in ogni suo aspetto.

19 Settembre

Le aspettative non sono altro che delusioni future.

Se passiamo il tempo ad aspettare che le cose accadano, non viviamo il presente, ci predisponiamo alle delusioni e finiamo per esprimere giudizi negativi su noi stessi, peggiorando ulteriormente le cose. È importante sapere cosa volete dalla vita, ma lo è altrettanto essere aperti alle infinite possibilità di realizzazione dei vostri sogni. Le aspettative generano spesso speranze vane. Sognare è meraviglioso, ma occorre anche essere realisti e avere i piedi per terra.

Compito Abbandonate ogni aspettativa, siate aperti a ogni esperienza ed esplorate ciò che avete sotto gli occhi.

20 Settembre

E tutti i colori che ho dentro
non sono ancora stati inventati.

SHEL SILVERSTEIN

La creatività è molto più del semplice fare arte. Permette anche di sfogare le emozioni nocive e di pensare in modo positivo e salutare. Io esprimo la mia creatività cantando e suonando. Quando mi esibisco, riesco a dare libero sfogo alle mie emozioni evitando comportamenti autodistruttivi.

Compito Trovate un passatempo che vi permetta di esprimere emozioni forti in modo salutare.

21 Settembre

Ricordatevi che a volte non ottenere ciò
che volete è un meraviglioso colpo di fortuna.

ANONIMO

Nella vita non ho sempre ottenuto ciò che volevo. Oggi mi rendo conto di aver desiderato con tutta me stessa cose di cui in realtà non avevo alcun bisogno. Anche se adesso è difficile capirlo, cercate di dimenticare queste piccole delusioni e convincetevi che potrebbe essere meglio così.

Compito Riflettete su vecchie delusioni che poi si sono rivelate colpi di fortuna.

22 Settembre

Dentro di noi abbiamo sempre la stessa età.

GERTRUDE STEIN

Vi ricordate come era bello essere bambini? Correre di qua e di là e giocare spensieratamente con gli amici? Diventare adulti non significa mettere a tacere la vostra dimensione fanciullesca. È sempre un aspetto della vostra personalità ancora in grado di giocare e provare una gioia incondizionata.

Compito Ricordatevi che il vostro lavoro deve essere fonte di piacere e che, qualsiasi cosa facciate, dovete divertirvi.

23 Settembre

Siete l'unica persona al mondo che può sapere come vivere la vostra vita.

Solo voi sapete come vivere la vostra vita. Se qualcuno vi dispensa dei consigli a questo proposito, significa che non è in grado di vivere la propria. Senza dubbio è spaventato dalla sua situazione personale, ma voi potete essergli di esempio mostrandogli la convinzione e il coraggio con cui affrontate la vostra vita.

Compito Oggi accettate la vita per com'è, con tutti i suoi problemi e le sue gioie, le sue speranze e le sue delusioni. Incoraggiate gli altri a vivere in modo più pieno e consapevole, mostrando loro la fiducia e la sicurezza con cui affrontate la vita. Date il buon esempio.

24 Settembre

Talvolta la nostra luce si spegne
e per riaccenderla serve una nuova scintilla.
Tutti dobbiamo nutrire profonda riconoscenza
verso chi ravviva la nostra fiamma interiore.

ALBERT SCHWEITZER

Non possiamo essere positivi e ottimisti ogni giorno, sarebbe contrario alla nostra natura. A volte la nostra luce interiore splende come il sole, a volte è un po' offuscata. È importante circondarsi di amici che ci amano incondizionatamente. Sono le persone a cui possiamo rivolgerci quando sentiamo di aver perso ogni speranza. I veri amici illuminano l'esistenza e alimentano la nostra luce interiore quando ogni speranza sembra svanita.

Compito Se avete una brutta giornata, circondatevi di amici che illuminano la vostra esistenza.

25 Settembre

Quale esempio stiamo dando ai più piccoli? Cominciate da oggi a cambiare il loro futuro.

Io ho una sorellina alla quale voglio un bene dell'anima. Anche se non fossi famosa, mi preoccuperei dell'influenza che le mie azioni possono avere sulla sua vita. Mi rendo conto che se faccio uso di droghe in sua presenza, lei penserà che sia una cosa normale. Dobbiamo essere consapevoli delle cose che facciamo e diciamo, poiché chi è più giovane di noi ci considera un esempio.

Compito Date il buon esempio alle persone più influenzabili.

26 Settembre

Ci sarà sempre un'occasione per volgere in positivo una situazione negativa, basta restare aperti a ogni possibilità.

Ogni situazione difficile che ho vissuto mi ha cambiato in meglio. Sono diventata più consapevole come artista e come persona, e ho potuto dare voce a chi stenta a far sentire la propria. È un privilegio per me servirmi del mio dolore per aiutare altre persone a trovare la forza e, se possibile, evitare loro sofferenze inutili. Questi spiragli di luce hanno rischiarato l'oscurità perché io l'ho permesso, perché sono stata aperta a ogni possibilità, e perché ho saputo accettare il mio passato e la mia sofferenza.

Compito Trovate nei momenti difficili gli aspetti positivi e condivideteli con chi ha un problema analogo. Capirà che anche per lui c'è in serbo qualcosa di meglio.

27 Settembre

Abbiamo paura di mostrare troppo affetto per timore di non essere ricambiati.

ELEANOR ROOSEVELT

Non abbiate mai paura di mostrare a qualcuno quanto lo amate. Molte volte nella mia vita ho desiderato dire a una persona che le volevo bene, ma temevo di apparire troppo sentimentale. Quando ho superato questa paura e mi sono resa conto di quanto gli altri mi fossero riconoscenti per l'affetto che dimostravo loro, sono stata sempre ricambiata. Il mio atteggiamento di apertura ha aiutato gli altri a fare altrettanto.

Compito Dimostratevi aperti con una persona a voi cara e incoraggiatela a fare lo stesso.

28 Settembre

Siate impeccabili nelle parole.

MIGUEL ANGEL RUIZ

Nella vita è davvero importante dire quello che si pensa. A volte abbiamo paura di dire qualcosa che potrebbe ferire o deludere. Ma il vero dolore e il vero dispiacere nascono quando ci capita di non dire ciò che pensiamo veramente o di fare promesse che non siamo in grado di mantenere. Nel corso della mia vita anch'io ho fatto promesse impossibili, che poi mi sono dovuta rimangiare, pur sapendo dentro di me che non avevano alcun fondamento di realtà. Fate sempre promesse che potete mantenere. Magari sentirete di non aver promesso abbastanza, ma almeno sarete sicuri di essere stati onesti.

Compito Siate responsabili delle vostre azioni. Tutto ciò che dite oggi dovrebbe nascere da un'esigenza di onestà e verità.

29 Settembre

Non rimandate la felicità.

In passato sono stata molto triste e depressa. Volevo più di ogni altra cosa essere felice ma continuavo a cercare la felicità al fuori di me. In quel periodo la frase "cambiare il pensiero per cambiare la vita" non mi convinceva molto, perché incolpavo fattori esterni e gli altri della mia infelicità. Quando sono riuscita a modificare il mio modo di pensare, mi sono trovata da subito a essere più felice. Il potere della mente è davvero incredibile: quando ho iniziato a cercare attivamente la felicità, tutto è cambiato.

Compito La felicità potrebbe arrivare domani, ma non contateci. Iniziate a cercarla oggi stesso.

30 Settembre

Siate coraggiosi e audaci; forze superiori verranno in vostro aiuto.

J.W. GOETHE

Quando sapete cosa volete, l'unica cosa che conta è perseguirla con coraggio e determinazione. Non dovete conoscere in anticipo ogni piccolo passo per realizzare il vostro sogno.

Compito Fate un salto coraggioso verso l'ignoto e confidate nel fatto che il terreno si materializzerà sotto i vostri piedi quando ne avrete bisogno.

Ottobre

1° Ottobre

Nella vita non possiamo controllare tutto… ma possiamo guardare avanti e decidere in che direzione andare.

La vita vi regalerà ogni genere di emozioni ed esperienze, spesso diverse da quelle che avevate immaginato. Io cerco di accogliere con gratitudine tutto ciò che mi capita. Nella vita bisogna saper accettare l'imprevisto e trarre il meglio da ogni situazione.

Compito Pensate a qualcosa di meraviglioso che vi attende.

2 Ottobre

Smettila di preoccuparti, sii felice.

BOBBY MCFERRIN, *Don't Worry, Be Happy*

È un concetto molto semplice, ma a volte molto difficile da mettere in pratica. Preoccuparsi ostacola il raggiungimento della felicità. Smettere di farlo ha un effetto miracoloso, quindi provateci e verificate se il vostro umore migliora.

Compito Ascoltate una canzone molto allegra e spensierata per tirarvi su di morale.

3 Ottobre

Se odiate, gli unici a soffrire siete voi,
perché chi è oggetto del vostro odio non lo sa
e gli altri se ne infischiano.

MEDGAR EVERS

In passato, ogni volta che mi trovavo a dover superare una separazione, trascorrevo buona parte del tempo a covare rabbia e rancore. Non me ne rendevo conto, ma la mia vita era piena di veleno. Mi chiedevo sempre perché i miei ex fossero in grado di elaborare la rottura più in fretta di me. Ora capisco che il mio errore consisteva nel continuare a odiarli piuttosto che cercare di dimenticarli. Analogamente, quando a dodici anni fui vittima di bullismo, sprecavo il mio tempo a odiare i miei persecutori invece di dedicarmi con amore a me stessa.

Compito Qualsiasi difficoltà stiate affrontando, fate attenzione a non avvelenarvi con la rabbia quando invece potreste riempirvi di amore.

4 Ottobre

Il bene più prezioso che potete possedere è un cuore aperto.

CARLOS SANTANA

Non potete sapere da dove vi arriverà qualcosa di meraviglioso. Magari voi avete un'idea fissa, invece l'universo ha in serbo qualcosa di ancora più grande che, se guardate solo in una direzione, potrebbe sfuggirvi. È importante concentrarvi sui vostri sogni, ma al tempo stesso dovete restare aperti a ogni possibilità.

Compito Oggi fate qualcosa di nuovo, e osservate come vi fa sentire. Potreste scoprire una parte insolita e piacevole della vostra vita.

5 *Ottobre*

Non possiamo ricominciare da capo, ma possiamo preparare un finale nuovo.

ZIG ZIGLAR

Lasciate che tutte le vostre speranze e i vostri sogni vi riempiano il cuore, vi diano energia e plasmino ogni parola che pronunciate, conferendo un nuovo significato a ogni vostro passo.

Compito Siate coraggiosi, ambiziosi e audaci sul lavoro e nella vita privata.

6 Ottobre

Le cose più semplici sono le più straordinarie,
e soltanto un saggio riesce a vederle.

PAULO COELHO

Quando è stata l'ultima volta che avete osservato il mondo attorno a voi? Ci sono tante piccole cose da cogliere nella vita. Se siete concentrati troppo su voi stessi, non potrete notare il resto.

Compito Prendete nota di tutti i piccoli momenti e dettagli che riuscite a cogliere.

7 Ottobre

Le persone orgogliose vanno a cercarseli da sole i grossi dispiaceri.

EMILY BRONTË

Penso che molti di noi abbiano avuto momenti in cui erano troppo orgogliosi per chiedere aiuto o dire "non lo so". L'orgoglio può essere dannoso e compromettere la nostra capacità di imparare. Non vergognatevi mai di chiedere aiuto o di ammettere che non avete capito qualcosa.

Compito Fate tante domande sulle cose che non capite. In questo modo non vi mostrerete deboli, ma amplierete i vostri orizzonti imparando nuove cose.

8 Ottobre

Le promesse sono come la luna piena, se non mantenute subito, svaniscono pian piano.

PROVERBIO TEDESCO

È facile dire che faremo una certa cosa, ma se non teniamo fede alla parola data sarà solo una promessa vacua. Non portando a termine ciò che promettete, soprattutto a voi stessi, non solo farete del male agli altri ma comprometterete anche la vostra integrità.

Compito Se ultimamente avete deluso qualcuno perché non avete mantenuto una promessa, chiedetegli scusa.

9 Ottobre

Per evitare le critiche basta non dire niente, non essere niente, non fare niente.

ARISTOTELE

Non potete piacere a tutti, e non è nemmeno necessario. Io ho ricevuto un sacco di critiche e letto commenti orribili su Internet, ma non posso permettere che queste cose mi deprimano. Devo continuare a essere ciò che sono per le persone che contano nella mia vita, e questo è già sufficiente.

Compito Non cercate di piacere a tutti, assicuratevi solo di accontentare voi stessi. Se qualcuno continua a criticarvi, non dategli soddisfazione rispondendo.

10 Ottobre

L'ego è una finzione cui attribuire ogni colpa.

ROBERT ANTON WILSON

Non siamo il nostro ego e non possiamo attribuirgli la colpa di tutto. Dobbiamo assumerci la responsabilità delle nostre decisioni, anche se ciò significa mettere da parte i sentimenti e fare la cosa giusta. Anche se il nostro orgoglio potrebbe rimanerne ferito.

Compito Lasciate perdere l'ego e assumetevi la responsabilità delle vostre azioni.

11 Ottobre

Rispondi con intelligenza anche a chi ti tratta in modo stupido.

LAO TZU

Nel corso della vostra vita vi capiterà di incontrare delle persone che tenteranno di abbassarvi al loro livello. Tuttavia, possiamo decidere in che modo affrontare questo tipo di comportamento. È molto difficile non reagire ripagandole con la stessa moneta. Ma vi garantisco che questa non è la soluzione. Portate pazienza e prendetevi il tempo di rispondere con gentilezza, non per il bene dell'interlocutore ma per il vostro.

Compito La prossima volta che qualcuno vi tratta male, non ricambiate. Dimostratevi superiori.

12 Ottobre

Le difficoltà e il caos fanno parte della vita. Dovete accettarli con serenità perché anche loro vi possono insegnare qualcosa.

Tutte le difficoltà che ho affrontato lungo il mio percorso di guarigione sono un regalo meraviglioso. Mi hanno permesso di crescere come artista e come donna. Una volta imparato ad accettare tali difficoltà, ho deciso di trarne insegnamento, e per questo mi sono sentita meglio. Oggi mi rendo conto che quelle difficoltà e quelle sfide mi hanno permesso di crescere.

Compito Quando siete in preda al caos, ricordatevi che molti cambiamenti positivi sono in serbo per voi.

13 Ottobre

Le persone meschine sminuiscono le vostre ambizioni. Quelle davvero grandi vi fanno sentire che anche voi potete essere come loro.

MARK TWAIN

Ho dovuto imparare a forza di delusioni chi sono i miei veri amici, e il modo migliore per farlo è osservare come si comportano. Io desidero circondarmi solo di persone che mi sostengono e mi fanno sentire più forte con il loro amore e la fiducia che ripongono in me, e che io ricambio. Non si possono avere amicizie a senso unico: dovete ricevere ciò che date.

Compito Potrebbe valere la pena di esprimere i vostri sentimenti a una persona che ha un'influenza negativa sulla vostra vita. Se non è disposta a cambiare il modo in cui vi tratta, valutate l'ipotesi di non frequentarla più.

14 Ottobre

Un cervo ferito
balza molto più in alto.

EMILY DICKINSON

Ferite e cicatrici ci infondono forza e coraggio. Le mie hanno reso più prezioso ogni singolo momento, e ora posso affermare di conoscermi meglio anche grazie a esse. Adesso sono più forte e la mia passione per la vita è più profonda. Finalmente sono in grado di apprezzare le mie ferite per tutto ciò che mi hanno donato.

Compito Benedite le vostre difficoltà e le sofferenze passate perché hanno contribuito a rendervi più forti; qualunque cosa sia successa, oggi siete in grado di raccontarla.

15 Ottobre

Dio non ha fatto tutto in un giorno.
Cosa vi fa pensare che voi potreste riuscirci?

ANONIMO

Anche se avete tanto da lavorare, è fondamentale che vi prendiate delle pause. Alzatevi, sgranchite i muscoli, fate cinque minuti di meditazione e rilassate la mente. Quando vi rimetterete al lavoro, sarete più produttivi. A volte mi capita di trascorrere anche sedici ore in studio perché mi appassiona ciò che faccio. Ma ogni tanto mi sforzo di staccare e di prendere una boccata d'aria. Mi fa sentire meglio e mi aiuta a mantenere la lucidità.

Compito Ricaricate le batterie prendendovi ogni giorno un momento per voi.

16 Ottobre

Le parole possono distruggere e creare.
Se sincere e gentili possono cambiare il mondo.

BUDDHA

Le nostre parole hanno un potere più forte di quanto si pensi. Possono fare sia bene sia male. Possono diffondere la pace o far esplodere la violenza. A volte abbiamo la tentazione di sfogare sugli altri la nostra sofferenza, ma così facendo otteniamo solo di provocare altro dolore, perpetuando un circolo vizioso.

Compito Se state soffrendo, fate del vostro meglio per cercare uno sfogo che sia salutare. Trovate un amico con cui parlare, una forma d'arte con cui esprimervi, scrivete un diario o chiedete l'aiuto di uno psicologo.

17 Ottobre

La pratica del perdono è il nostro contributo più importante alla guarigione del mondo.

MARIANNE WILLIAMSON

Se tutti rimanessimo aggrappati al rancore e alla sofferenza, non ci sarebbe più alcuna speranza per il futuro. La pratica del perdono racchiude una forza indescrivibile. Perdonare è un atto nobile e umile che induce gli altri a fare lo stesso. Significa essere capaci di mettere da parte il proprio ego e decidere che è meglio essere felici e in pace con se stessi piuttosto che avere sempre ragione.

Compito Investite la vostra energia nelle cose che vi rendono proprio felici e non preoccupatevi di avere sempre ragione.

18 Ottobre

Non bisogna mai arrendersi.

Ho sentito questa frase milioni di volte e cercando di metterla in pratica ho capito che molti luoghi comuni contengono una grande verità. Quando i vostri sogni e la vostra fede sono a rischio, non dovete pensare che non vi sia più alcuna speranza. Significa solo che vi state mettendo alla prova. Se accettate la sfida e mostrate al mondo che volete quella cosa nonostante tutto, le vostre preghiere saranno esaudite e i vostri sogni diventeranno realtà.

Compito Pensate a cosa amate davvero fare nella vita e continuate a perseguirlo con tenacia.

19 Ottobre

La gente dice spesso che la motivazione non dura. Be', neanche l'effetto di un bel bagno: per questo si consiglia di farlo tutti i giorni.

ZIG ZIGLAR

Ricordatevi una cosa: qualunque sia il vostro obiettivo, dovete lavorarci ogni giorno. Non basta scrivere su un foglio i vostri buoni propositi e le vostre speranze per il futuro; per ottenere qualcosa nella vita bisogna rimboccarsi le maniche.

Compito Questo mese ripromettetevi di fare ogni giorno almeno una cosa che vi porti più vicino al vostro traguardo.

20 Ottobre

Se aspettiamo il momento in cui tutto, ma proprio tutto, sarà pronto, non cominceremo mai.

IVAN TURGENEV

Non aspettate con le mani in mano che arrivi il momento giusto. Non esiste un momento perfetto. Se avessi aspettato l'occasione ideale per iniziare la mia carriera, oggi non sarei dove sono. Quindi lavorate sodo e sognate in grande. Dovete solo buttarvi e trasformare il sogno in realtà.

Compito Smettete di rimandare la realizzazione di un vostro obiettivo.

21 Ottobre

Niente è una perdita di tempo se usate l'esperienza in modo saggio.

RODIN

Ho dedicato buona parte della mia vita a scoprire chi sono veramente. Un tempo ero convinta che ciò che ancora non sapevo non lo avrei mai scoperto. Ora ho capito che solo continuando ad apprendere possiamo diventare delle persone complete. La cosa più importante è correre dei rischi, sperimentare, e non stancarsi mai di crescere e imparare. So che qualcosa mi guida verso la meta, e questo mi basta. Voglio continuare a crescere, a imparare, a esplorare. Ad abbracciare l'ignoto, perché è lì che sta la magia.

Compito Siate grati per il vostro viaggio, perché appartiene solo a voi.

22 Ottobre

Quando amiamo, vogliamo essere migliori. Ogniqualvolta cerchiamo di essere migliori, anche quanto ci circonda lo diventa.

PAULO COELHO

L'amore è la cura per qualsiasi malanno, la medicina migliore. L'amore rende tutto possibile. Ci rende forti e più disponibili nei confronti degli altri di quanto abbiamo mai potuto sognare. Non si ama mai troppo. Renderemo felici le persone che amiamo con tutto il cuore.

Compito Utilizzate il vostro amore e quello degli altri come medicina.

23 Ottobre

E così, a partire da oggi, voglio uscire da questa gabbia. Sono sulle mie gambe, sto affrontando i miei demoni.

EMINEM, *Not Afraid*

Qualsiasi cosa abbiate passato nella vita, c'è sempre la possibilità di trovare una via di uscita, di vincere le vostre battaglie. Molti di noi hanno vissuto esperienze terribili prima di rivedere la luce. Comunque vi sentiate in questo momento, non dimenticate mai che le cose andranno meglio e che avete sempre la possibilità di chiedere aiuto e affrontare i vostri demoni.

Compito Guardatevi dentro, raccogliete le forze e affrontate quello che vi ostacola.

24 Ottobre

Fra vent'anni rimpiangerete ciò che non avete fatto. Quindi mollate gli ormeggi, allontanatevi dai porti sicuri e lasciate che il vento gonfi le vostre vele. Esplorate. Sognate. Scoprite.

MARK TWAIN

Se siete degli artisti, dovete inseguire i vostri sogni senza paure. Dovete essere disposti a lasciarvi alle spalle le abitudini e forzare i vostri limiti. Incoraggio chiunque abbia un sogno a non lasciarsi frenare dalle paure e a esplorare le proprie emozioni, anche se non sempre sono rassicuranti o comprensibili.

Compito Oggi fate qualcosa che vi fa sentire a disagio. A volte le cose che ci spaventano sono quelle che ci aiutano a crescere.

25 Ottobre

Non aspettatevi niente, non date niente per scontato, non chiedete e non pretendete. Lasciate che tutto vada come deve andare. Se così vuole il destino, succederà.

Scoprire che la nostra capacità di controllo non è assoluta può essere mortificante. Ma riflettendo meglio ho capito qualcosa di profondo che mi ha fatto sentire libera: alcune cose vanno secondo i vostri piani e altre no, ma alla fine tutto va come deve andare.

Compito Pensate a qualcosa che non riuscite a controllare e accettatelo con serenità.

26 Ottobre

Quando la rabbia sale, la coscienza precipita, quindi siatene consapevoli e cercate di vedere le cose da tutti i punti di vista.

La rabbia è un'emozione davvero potente, tanto che quando la sperimentiamo nella sua forma più violenta può annebbiare il nostro giudizio e la nostra capacità di ragionare. Dobbiamo accettare i nostri sentimenti, ma anche essere consapevoli che una rabbia incontrollata rischia di distruggere il nostro buonsenso.

Compito Non lasciatevi sopraffare dalla rabbia. Pensate razionalmente e osservate l'effetto che le vostre emozioni hanno sugli altri.

27 Ottobre

Non possiamo cambiare il mondo
se non cambiamo noi stessi.

BIGGIE SMALLS

In quanto esseri imperfetti, dobbiamo mantenerci sempre aperti, per continuare a crescere e a evolverci. Se diventiamo persone migliori, rendiamo il mondo un posto migliore.

Compito Appoggiate una buona causa, fate la vostra parte nel mondo.

28 Ottobre

Non puoi vivere in funzione degli altri.
Devi fare ciò che conta per te, a costo di ferire le persone cui vuoi bene.

NICHOLAS SPARKS

Oggi celebrate la vostra indipendenza e il fatto che siete in grado di decidere da soli. È impossibile accontentare tutti quelli che vi circondano, ma è sempre possibile fare le scelte giuste per accontentare voi stessi. In fondo, non dovete preoccuparvi di altro.

Compito Non prendete decisioni facendovi influenzare dai consigli di altre persone.

29 Ottobre

Nonostante tutto, continuo a credere nell'intima bontà dell'uomo.

ANNA FRANK

Se Anna Frank, nonostante la terribile esperienza vissuta, è riuscita a mantenere un atteggiamento positivo e a credere nella bontà delle persone, di certo potete farlo anche voi.

Compito Se vi sentite sfortunati o avete bisogno di vedere le cose nella giusta prospettiva, pensate a quanto è bella la vita. Avete una grande fortuna.

30 Ottobre

Guardate sempre la luce del sole e non vedrete mai l'ombra.

HELEN KELLER

Il fatto che questa frase sia stata detta da una persona non vedente è molto toccante. È stata capace, infatti, di vedere la luce dentro di sé e negli altri solo adottando una prospettiva diversa; il suo atteggiamento è così ammirevole che tutti possiamo trarne preziosi insegnamenti.

Compito Circondatevi di positività e potrete affrontare qualsiasi problema.

31 Ottobre

Una delle cose più spaventose della vita è rendersi conto che l'unica persona che vi può salvare... siete voi.

C'è stato un periodo, dopo la terapia, in cui mi sono resa conto che pur potendo contare sull'appoggio di molte persone, nessuno avrebbe potuto salvarmi eccetto me stessa. Il cambiamento viene da dentro, non dagli altri. Non si può costringere qualcuno a cambiare.

Compito Guardatevi dentro e rispondete con sincerità alla domanda: ho bisogno di una guida?

Novembre

1° Novembre

Se non difendete voi stessi, nessun altro lo farà.

Ci sono stati momenti nella mia vita in cui sapevo di essere trattata ingiustamente, ma ero troppo timida o timorosa per far valere le mie ragioni. Penso che ciò sia difficile per molti, perché così facendo temiamo di risultare meno simpatici agli altri. Ma se non difendete ciò in cui credete, la gente si approfitterà di voi. Che lo facciano di proposito o meno, è comunque spiacevole. Sono convinta che quando inizierete a farvi valere, sarete rispettati di più.

Compito Difendete ciò in cui credete con sicurezza e naturalezza; riconoscete la vostra forza.

2 Novembre

Ama te stessa, tesoro, perché sei nata così.

LADY GAGA, *Born This Way*

Essere molestati e presi in giro ha effetti nocivi e persistenti. Quando ero più giovane, ho rischiato di rinunciare a essere me stessa per assecondare chi mi molestava. Poi un giorno mi sono accorta che ero cambiata. Avevo bisogno di amare ciò che ero e che ero sempre stata. Quando me ne sono resa conto, mi sono sentita più a mio agio con me stessa.

Compito Non sacrificate mai voi stessi per compiacere gli altri.

3 Novembre

Sii gentile con le persone scortesi;
sono quelle che ne hanno più bisogno.

ASHLEIGH BRILLIANT

Osservando gli altri, scoprirete che alcune persone sembrano davvero felici mentre altre sembrano avercela con il mondo intero. Non prendetela sul personale, perché queste persone soffrono profondamente. Pensate al tizio inferocito di fianco a voi in coda o all'addetto alla sicurezza in aeroporto che sbraita contro chiunque; sono arrabbiati a causa di un malessere interiore. Più di chiunque altro hanno bisogno di gentilezza, ed è probabile che saranno commossi da un vostro gesto di cortesia anche se non sapranno come esprimerlo. Se non reagite con durezza, forse loro faranno lo stesso.

Compito Oggi reagite in modo positivo alla rabbia.

4 Novembre

Avere il cuore spezzato è un buon segno, significa essersi messi in gioco.

ELIZABETH GILBERT

Può sempre capitare di impegnarsi profondamente in qualcosa e poi esserne delusi. Significa che siete disposti a correre dei rischi. Anche se questo vi farà star male, ricordate che è un buon segno, perché dimostra quanto ci tenevate. È un riflesso della passione che avete dentro.

Compito Amate con coraggio e sprezzo del pericolo, con tutto il cuore.

5 Novembre

Nessuno merita le tue lacrime, e chi le merita non ti farà piangere.

GABRIEL GARCÍA MÁRQUEZ

Ci saranno molte persone nella vita che vi faranno piangere. Costoro non meritano le vostre lacrime. Chi sarà lì a consolarvi e vi aiuterà ad asciugarle non vi farà mai sentire così.

Compito Circondatevi di persone pronte a consolarvi e a risollevarvi il morale nei momenti difficili.

6 Novembre

Dovremmo pentirci dei nostri errori e imparare da essi, ma senza mai portarli con noi nel futuro.

L.M. MONTGOMERY

Nessuno è perfetto, ne siamo consapevoli. Ma ciò non ci impedisce di fare cose di cui potremmo pentirci. Ho scoperto che in tal caso è meglio alleggerirsi la coscienza ammettendo i propri errori. Gli altri saranno più disposti a capire e a perdonare se siete sinceri. Inoltre li stimolerete a fare lo stesso, mostrando che si può essere onesti e rispettabili anche senza essere perfetti.

Compito Oggi confessate una cosa che rimpiangete di aver fatto o detto nell'ultimo mese.

7 Novembre

Sinceramente, sei mai stato sincero con te stesso?

TERMINAL, *Dark*

Nella vita abbiamo spesso bisogno di fare il punto sulla nostra vita e su ciò che abbiamo realizzato. Ricordo di essermi ritrovata a pensare: "Cavolo, adesso come adesso sono me stessa o sto solo cercando di adattarmi a ciò che la società vuole da me?". È sempre bene essere fedeli a ciò che siete davvero.

Compito Scoprite voi stessi e non scendete mai a compromessi sui valori in cui credete.

8 Novembre

Sogno di dipingere, e poi dipingo il mio sogno.

VINCENT VAN GOGH

I vostri sogni sono un regalo meraviglioso. Per tutta la vita ho sognato di lavorare nel mondo dello spettacolo. Volevo cantare, ballare e recitare. Questi sogni mi hanno permesso di realizzare ciò che volevo davvero. Ora che i miei sogni sono diventati realtà, sono grata per essere arrivata fin qui.

Compito Lavorate sodo per realizzare i vostri sogni e raggiungere i vostri obiettivi. Solo voi siete in grado di trasformare i vostri sogni in realtà.

9 Novembre

Tutti abbiamo bisogno di un modello cui ispirarci.

Oggi come oggi... continuo ad avere i miei alti e bassi, ma almeno sono in grado di affrontarli. Spero solo di poter sempre migliorare, per diventare la persona che voglio essere, non solo per me stessa ma anche per gli altri. Tutti abbiamo bisogno di incoraggiamento, ed è importante circondarsi di persone in grado di sostenerci.

Compito Chi vi considera un modello? Siate fonte di ispirazione per gli altri e cercate di influenzarli positivamente.

10 Novembre

Accettate il fatto che vivere nel momento presente, con i vostri desideri attuali, è la cosa migliore e più nobile che possiate fare.

DEEPAK CHOPRA

Tutto ciò che possiamo fare è affrontare le cose oggi, adesso, momento per momento. Farsi condizionare troppo da ciò che è stato o da ciò che sarà può solo farvi smarrire la strada. Il presente è tutto quello che abbiamo, quindi per dare un senso alla vostra esistenza immergetevi anima e corpo nel momento che state vivendo.

Compito Distogliete il pensiero dal passato e dal futuro. Vivete nel presente.

11 Novembre

Quando decidete di godervi il percorso, la vostra felicità non dipende più dal risultato.

YEHUDA BERG

Se siete determinati a raggiungere un risultato preciso, fate in modo che non diventi un'ossessione. I risultati dipendono da troppe variabili che sfuggono al nostro controllo. Assaporate e godetevi il percorso, convincendovi che tutto accadrà quando sarà il momento.

Compito Ripensate a un'occasione in cui il percorso per raggiungere un obiettivo è stato più piacevole del raggiungimento dell'obiettivo stesso.

12 Novembre

Qualunque sia la vostra attività o la vostra passione, dovete avere disciplina.

Non basta amare qualcosa per farla al meglio. Dovete esercitarvi ogni giorno. Prima di un concerto, di un tour o di una registrazione in studio, devo esercitarmi a cantare e suonare. Se non mi sento adeguatamente preparata, so di non poter essere all'altezza delle mie aspettative.

Compito Concedetevi del tempo per coltivare la vostra passione. Fate qualsiasi cosa vi spinga verso gli obiettivi che vi siete prefissati.

13 Novembre

Se arrivi alla fine della corda, fai un nodo e non mollare.

FRANKLIN D. ROOSEVELT

Quando sembra che non ci sia più niente da fare... tenete duro. Prima o poi salterà fuori un'altra possibilità, e stavolta saprete coglierla. Non mollate mai.

Compito Abbiate fiducia nel domani anche se non sapete quello che vi porterà.

14 Novembre

Ascolta sempre la voce della coscienza.

Pinocchio

La coscienza è una voce interiore che ci fa da guida. Negli anni impariamo tante cose da genitori, insegnanti, amici e colleghi. In fondo, abbiamo a disposizione solo questi insegnamenti e il nostro istinto a dirci cosa è giusto per noi.

Compito Ripulite la mente e la coscienza correggendo i vostri errori, per piccoli che siano.

15 Novembre

Se si gioca, la vita è più divertente.

ROALD DAHL

Credo che goderci il tempo che abbiamo a disposizione sia, più di qualsiasi altra cosa, lo scopo della nostra esistenza. La vita è preziosa, quindi è inutile preoccuparci o farci distrarre da cose di poco conto. Godetevi il momento presente e divertitevi, nel modo a voi più congeniale.

Compito Godetevi il tempo libero insieme alla famiglia e agli amici. Fatevi una risata e ricordate questi bei momenti.

16 Novembre

"No" è una risposta completa.

ANONIMO

Dire "no" è più che sufficiente. Nessun altro al mondo sa meglio di voi quali sono i vostri limiti. Se qualcosa vi mette a disagio, dovete ascoltare questa sensazione. Quando dite "sì" o "no" è già abbastanza; non dovete aggiungere altre spiegazioni. Le persone che vi circondano dovrebbero capirlo.

Compito Non abbiate paura di dire "no". Non sentitevi obbligati a dare una risposta che non vi appartiene.

17 Novembre

Non tutti quelli che vagano sono smarriti.

J.R.R. TOLKIEN

Ogni strada che imboccate vi porterà alla destinazione che dovete raggiungere. Che quella destinazione sia un vicolo cieco o una luce alla fine del tunnel, sappiate che non potete smarrirvi. Potete solo imparare qualcosa dal viaggio che avete compiuto.

Compito Ricordatevi che se al momento non avete una strada ben definita non dovete preoccuparvi. Non significa che state andando alla deriva, solo che avete imboccato un sentiero alternativo.

18 Novembre

Troverete delle amiche, o delle persone che fingono di esserlo. Alcune vengono, alcune vanno. Quelle che restano sono davvero le vostre migliori amiche.

MARILYN MONROE

Le ragazze a volte possono essere terribili l'una con l'altra. Nella mia vita mi è capitato di subire molte prepotenze. Oggi so cosa voglio da un'amica e so anche quando è meglio tagliare i ponti. Se ho una giornata difficile oppure ho bisogno di una spalla su cui piangere le mie amiche più vere sono sempre a disposizione.

Compito Fate una lista delle vostre amiche più care e chiamatele per dire loro quanto importanti sono per voi l'amicizia, l'aiuto e l'affetto che vi regalano.

19 Novembre

Siate grati per ciò che avete, e otterrete di più.
Concentratevi su ciò che vi manca,
e non avrete mai abbastanza.

OPRAH WINFREY

Quando scegliamo di concentrarci su ciò che abbiamo ci sentiamo subito più felici. Si dice che la gratitudine sia lo stato d'animo più vicino alla felicità. Capita anche alla persona più ricca del mondo di pensare a ciò che non ha. Il segreto non è accumulare oggetti, ma concentrarsi sulla gioia e la bellezza della vostra vita spostando l'attenzione sulle cose che funzionano.

Compito Oggi non valutate la felicità sulla base dei beni materiali che possedete, ma sulla base dell'amore che ricevete.

20 Novembre

Il grande nemico del linguaggio pulito è la falsità.

GEORGE ORWELL

Una delle cose che mi danno più fastidio è vedere che le persone non sono se stesse con gli altri. La gente capisce quando non siete sinceri, e se non siete fedeli a voi stessi, vi state solo prendendo in giro.

Compito Parlate soltanto con sincerità e calore.

21 Novembre

La realizzazione spirituale consiste nel vedere con chiarezza che ciò che sento, sperimento o penso non equivale a ciò che sono, che non mi troverò in ciò che cambia di continuo.

ECKHART TOLLE

Le cose che non riusciamo a definire sono quelle più vere e significative. C'è qualcosa di bello e grandioso in ciò che non riusciamo a esprimere a parole. Non è sempre necessario trovare le parole adeguate.

Compito Fidatevi della vostra capacità di provare emozioni così profonde da non riuscire a esprimerle a parole.

22 Novembre

Se scelgo di rendere felice un'altra persona, finirò per sentirmi anch'io più felice.

MARIANNE WILLIAMSON

Ogni volta che vi sentite depressi o sfiduciati, il rimedio migliore è fare qualcosa per gli altri, in modo da non avere il tempo di rimuginare troppo. Da bambini, non c'è niente di più emozionante che aprire i regali di Natale o del compleanno. Quando si cresce, però, ci si rende conto che il dono più bello è far sorridere qualcuno.

Compito Diffondete gioia facendo qualcosa per gli altri.

23 Novembre

Non vedete quanto è necessaria
la "valle di lacrime" per istruire
l'intelligenza e formare un'anima?

JOHN KEATS

Siamo su questa Terra per sperimentare ogni emozione. Questo ci dà forza, cuore e personalità. Definisce ciò che siamo oggi e il tipo di persona che saremo in futuro.

Compito Pensate o parlate con le persone che ammirate e chiedete loro quali esperienze hanno influito maggiormente sulla loro vita.

24 Novembre

Prenditi cura dei tuoi sogni perché sono i figlioletti della tua anima, il tracciato delle conquiste che verranno.

NAPOLEON HILL

Sin da quando ero bambina volevo fare la cantante e lavorare nel mondo dello spettacolo. Oggi sono consapevole di una cosa che da piccola non capivo fino in fondo: i sogni che ho iniziato a coltivare in così giovane età stavano preparando la strada non solo per il mio successo, ma, cosa ancora più importante, per la mia felicità. Sono molto contenta di aver dato ascolto alle sensazioni e ai sogni della bambina che ero.

Compito Qualunque età abbiate, non è mai troppo tardi per vivere la vita che avete sempre sognato.

25 Novembre

Non sono privo di paure. Ne ho moltissime. Ma ho imparato a incanalare queste emozioni in modo che mi rafforzino.

BEAR GRYLLS

La paura non ha mai fatto altro che ostacolarmi. Ci sono tante cose che voglio ottenere nella vita. Per me e per il mondo. La paura è inutile; impedisce solo di raggiungere i propri obiettivi.

Compito Oggi superate la paura, e affrontate una delle vostre fobie.

26 Novembre

Credo che nessuno possa darti consigli quando soffri per amore.

BRITNEY SPEARS

Quando avete il cuore spezzato non v'è altro rimedio che lasciar passare del tempo e prendere le distanze. Non potremmo superare una delusione d'amore senza l'affetto della nostra famiglia e dei nostri amici, ma a volte questo non basta per farci stare meglio. C'è una differenza tra ricevere sostegno ed essere costretti a guarire. Quindi, nel caso di una rottura sentimentale, ricordatevi che la cosa migliore è accettare che gli eventi seguano il loro corso.

Compito Offrite una spalla su cui piangere a un amico o a un familiare.

27 Novembre

La gentilezza è il linguaggio che un sordo può sentire e un cieco può vedere.

MARK TWAIN

La gentilezza supera le barriere del linguaggio, della malattia o della disabilità. È un dono universale che tutti abbiamo e che accompagna il dare e il ricevere, quindi non sprecatelo.

Compito Oggi siate gentili con uno sconosciuto.

28 Novembre

La vita è troppo breve per non essere grati di ogni singolo istante. Oggi ho tante cose per cui essere riconoscente.

Nella vita è facile concentrarsi su ciò che non abbiamo. Eppure, è davvero importante essere riconoscenti per ciò che abbiamo. Quando vi fermate a considerare le cose belle della vostra vita, ne attirate delle altre e vi avvicinate alla felicità. A volte quando mi sveglio o prima di andare a dormire, faccio una lista delle cose per cui mi sento grata e, prima ancora di accorgermene, mi ritrovo ad aver scritto pagine e pagine e un sorriso beato stampato sulla faccia.

Compito Questo mese cercate di fare una donazione a un'associazione benefica o del volontariato per aiutare persone meno fortunate di voi.

29 Novembre

Ognuno è stato creato per un compito particolare e nel suo cuore è innato il desiderio di eseguirlo.

RUMI

Tutti prima o poi ci sentiamo smarriti. Ma a volte, per capire davvero dove vogliamo andare, ne abbiamo bisogno. Qualsiasi emozione stiate provando, ricordatevi che ognuno di noi esiste per uno scopo ben preciso. Il nostro unico compito è realizzarlo e seguirlo. Se non lo avete ancora fatto, non vi sentite in colpa. Fidatevi dell'universo: quando sarà il momento ci riuscirete e nel frattempo siate aperti e riconoscenti verso tutto ciò che capita lungo il vostro cammino.

Compito Quando vi sentite smarriti, concedetevi del tempo per vagabondare. Prima o poi deciderete quale direzione prendere.

30 Novembre

L'amore è più forte del dovere di essere perfetti.

Non preoccupatevi di essere perfetti. Dedicate il vostro tempo e la vostra energia a dare e a ricevere amore. Nessuno vi ricorderà per le vostre imperfezioni, ma per la generosità, l'umorismo e la compassione.

Compito Smettete di cercare di essere perfetti e iniziate ad amare di più.

Dicembre

1° Dicembre

Com'è che si è fatto tardi così presto? Prima che sia pomeriggio viene la sera. Dicembre viene prima di giugno. Dio, il tempo è volato via lesto. Com'è che si è fatto tardi così presto?

DOTTOR SEUSS

Non smette mai di sorprendermi la velocità con cui il tempo scorre. Più cresco, più mi sembra che passi in fretta. Quando si è bambini, ogni giorno potrebbe durare per sempre. Questo mi ha fatto capire che dobbiamo assaporare ogni singolo momento, più o meno importante, e godere della compagnia di ogni singola persona che entra a far parte della nostra vita.

Compito Non lasciate che la giornata trascorra inutilmente: fate qualcosa di significativo per voi o per un'altra persona.

2 Dicembre

Ci resta solo una pagina da scrivere.
La riempirò con un verbo, sempre lo stesso.
Amo. Ho amato. Amerò.

Il profumo delle campanule

Non c'è bisogno di essere una bambina di dieci anni per tenere un diario. Prendere nota ogni giorno delle cose che succedono nella vostra vita e come vi fanno sentire, è molto utile. Innanzitutto vi aiuta a capire meglio cosa accade intorno a voi, e, quando sarete vecchi, vi regalerà l'emozione di ripercorrere il vostro viaggio. Siamo convinti di ricordare facilmente i momenti speciali della nostra vita, ma se non lo mettiamo per iscritto è probabile che non sarà così. Pensate a quanto sarà prezioso rileggere la vostra vita negli anni che verranno.

Compito Iniziate a tenere un diario in cui annotare ciò che vi accade e i vostri sentimenti.

3 Dicembre

Non conoscete la forza che avete dentro
finché essere forti non è la vostra unica scelta.

ANONIMO

I momenti in cui veniamo messi alla prova sono quelli in cui possiamo davvero scegliere di essere all'altezza. Diventerete migliori per il solo fatto di aver accettato la sfida e lasciato emergere la forza che avete dentro.

Compito Non sottovalutatevi quando dovete affrontare una situazione difficile. Siate fieri della vostra forza.

4 Dicembre

Posso lasciarmi cambiare da ciò che mi succede. Ma rifiuto di lasciarmi deprimere.

MAYA ANGELOU

Ogni esperienza ci insegna qualcosa, ci rende più umili e ci aiuta a crescere. Nessun evento o persona dovrebbe farci sentire sminuiti. Ciò che succede nella vita vi cambierà, è inevitabile, ma non lasciate che vi deprima. Se qualcuno vi giudica deboli perché state imparando o crescendo, è solo un riflesso della sua frustrazione.

Compito Non fatevi dire da nessuno come vi dovete sentire.

5 *Dicembre*

Gli occhi sono lo specchio dell'anima.

WILLIAM SHAKESPEARE

Una delle cose che più detesto sono le persone che parlano senza guardare l'interlocutore negli occhi. Tutti abbiamo una forza immensa quando parliamo con il cuore in mano ma, se distogliamo lo sguardo, non riusciremo a stabilire un contatto con gli altri. Spesso è negli occhi che si celano le vere emozioni di una persona, non nelle parole. Anche il linguaggio del corpo ci dice molto, quindi è importante essere consapevoli di ciò che esprimete.

Compito Con chiunque stiate parlando, ricordatevi di guardarlo negli occhi e di stabilire un contatto con lui. Vi rispetterà di più, e voi rispetterete di più voi stessi.

6 Dicembre

Se state attraversando l'inferno, continuate a camminare.

WINSTON CHURCHILL

A tutti può capitare una giornata "no", anche al più saggio degli uomini: non prendetela come un'offesa personale. Se qualcuno è di malumore e si comporta in modo scontroso, non è colpa sua. Lasciatelo sbollire. Tutti abbiamo giornate così. Fate una pausa e rilassatevi. Passerà.

Compito Se avete una giornata "no", staccate la spina e rilassatevi. Prendetevi un po' di tempo per voi.

7 Dicembre

Non sono perfetta e non ho alcun bisogno di esserlo.

La prima volta che me ne sono resa conto ho provato un enorme sollievo. Questa consapevolezza mi ha davvero aiutato a diventare una persona migliore. Mi ha dato la forza di accettare i miei difetti, di analizzare i miei errori e di imparare da essi. Lo stress è completamente svanito. Dopo aver scoperto che l'imperfezione è parte di noi, tutto è cambiato per il meglio.

Compito Non vi mettete troppo in croce per i vostri errori, state solo attenti a non ripeterli.

8 Dicembre

Dipingo autoritratti perché passo molto tempo da sola; sono la persona che conosco meglio.

FRIDA KAHLO

La sola cosa che possiamo fare è restare fedeli a ciò che siamo, accettare la parte più profonda e autentica di noi stessi. Ci sono stati momenti nella mia vita in cui trovavo consolazione solo nella musica. Sapere che potevo sedermi da sola in una stanza e comporre una canzone per esprimere le mie emozioni mi rassicurava tantissimo e mi ha insegnato ad amare la solitudine. Incoraggio ognuno di voi a trovare un modo altrettanto efficace di esprimervi, e a coltivarlo ogni singolo giorno.

Compito Lasciate che la vostra passione vi protegga e diventi la vostra migliore amica.

9 Dicembre

Ora sono un guerriero, ho la pelle più dura,
sono più forte che mai, la mia armatura
è fatta di acciaio, non puoi scalfirla,
sono un guerriero e non mi farai più male.

Quando ho scritto queste parole avevo in mente una situazione ben precisa, ma possono essere applicate a chiunque abbia vissuto un'esperienza dolorosa. Questa canzone e il suo messaggio sono molto importanti per me perché mi capita di incontrare tante persone che nella vita hanno subito ogni sorta di traumi e si vergognano o non sanno come difendersi. Ho voluto così far sapere alle persone di tutte le età che non sono sole e troveranno sempre un aiuto.

Qualsiasi sofferenza stiate attraversando, le cose andranno meglio, ve lo garantisco.

Compito Tutti abbiamo riportato ferite di guerra. L'unico modo di difendervi è mostrare agli altri la vostra forza, proteggendo e amando voi stessi.

10 Dicembre

Cercate di capire che, proprio come è complicato rendere le cose semplici, è semplice rendere le cose complicate.

Spesso abbiamo la tendenza ad analizzare troppo le situazioni complicandole. A volte la vita ci mette a dura prova, e ogni soluzione ci sembra impraticabile. Si dice che la risposta più semplice sia quella giusta, quindi, quando non so più dove sbattere la testa, mi rifaccio a questa idea di semplicità. Se siete in dubbio, cercate di ricondurre i vostri pensieri confusi a poche semplici idee.

Compito Immaginate che il vostro problema sia un nodo aggrovigliato e visualizzatevi nell'atto di scioglierlo.

11 Dicembre

Il giudizio che dai di una persona dice più cose su di te che su di lei.

ANONIMO

Ho vissuto tante esperienze e fatto tante cose per cui gli altri potrebbero giudicarmi. Io non mi permetterei mai di giudicare un'altra persona per il percorso che ha intrapreso: criticare gli altri non spetta a me, criticare me non spetta agli altri.

Compito Evitate di giudicare gli altri. Pensate a come vorreste essere trattati voi.

12 Dicembre

Qui non esistono sconosciuti,
solo amici che non si sono ancora incontrati.

W.B. YEATS

Viviamo in una comunità globale, che si espande ogni giorno di più con la rapida diffusione dei social media. Per me è incredibile svegliarmi e trovare messaggi incoraggianti su Twitter o Facebook da parte dei miei fan di ogni parte del mondo, e rendermi conto di avere amici e sostenitori ovunque io vada. La cosa fantastica è che questo vale per tutti noi. Quando iniziamo a vedere il mondo come luogo accogliente e ospitale, l'universo ci apre le braccia e le possibilità diventano infinite.

Compito Oggi siate aperti a nuove amicizie.

13 Dicembre

Se le cose fossero facili da trovare,
non varrebbe la pena cercarle.

J.S. FOER, *Molto forte incredibilmente vicino*

Mi sento fortunata perché ho sempre saputo cosa volevo fare della mia vita. Ma conosco molte persone che stanno ancora cercando di capirlo. Se manterrete la mente aperta e continuerete a inseguire i vostri sogni, anche quando vi sembrano ancora nebulosi, troverete questa sicurezza dentro di voi.

Compito State facendo ciò che avete sempre voluto fare? Se non è così, non dovete più rimandare: cominciate oggi stesso.

14 Dicembre

Perdona sempre i tuoi nemici.
Nulla li fa arrabbiare di più.

OSCAR WILDE

Il perdono può sembrare una cosa difficile, soprattutto quando una persona vi ha fatto molto male. Ma se perdonate, i più forti siete voi. Se passate il tempo a rimuginare sul torto subito, vi avvelenate per un fatto che colui che vi ha offeso probabilmente ha già dimenticato. Sconfiggetelo con la gentilezza. Quando ero vittima di bullismo, mia madre mi diceva sempre di porgere l'altra guancia. Una volta diventata abbastanza grande per capire questo insegnamento, sono riuscita a metterlo in pratica. E mi ha aiutato a superare il risentimento.

Compito Provate a perdonare una persona con cui siete arrabbiati rinunciando a provare rancore.

15 Dicembre

La pazienza è amara ma il suo frutto è dolce.

JEAN-JACQUES ROUSSEAU

Avere pazienza può essere difficile, sia con le persone che vi circondano, sia quando desiderate qualcosa che attendete da una vita. A volte le persone aspettano anni prima di ottenere ciò per cui hanno fatto tanti sforzi. Sappiate che le cose accadranno quando sarà il momento e che se siete davvero pazienti la ricompensa sarà più grande di quanto avreste mai immaginato.

Compito Siate pazienti con le persone, con i vostri sogni e prima di tutto con voi stessi.

16 Dicembre

La violenza non può che generare altra violenza. Dobbiamo essere guerrieri pacifici.

La violenza è un circolo vizioso. È facile rispondere occhio per occhio, dente per dente, ma è inutile e stupido. Ci vuole molta più energia, intelligenza, creatività e coraggio a sostenere una conversazione con una persona che non è d'accordo con voi. Potete comunque raggiungere un compromesso basato sul rispetto reciproco anche se la pensate diversamente.

Compito Combattete la violenza e pretendete rispetto e sincerità. Siate pronti a guardare le cose da un differente punto di vista. Siate pronti a considerare le ragioni di un'altra persona.

17 Dicembre

Non sarai punito per la tua rabbia,
ma dalla tua rabbia.

BUDDHA

Rabbia e risentimento sono fra le emozioni più nocive che possiamo provare. Ci sono sempre momenti in cui le persone ci fanno infuriare o feriscono i nostri sentimenti senza che noi reagiamo. Così facendo permettiamo ai sentimenti negativi di accumularsi dentro di noi, e prima di rendercene conto, questi prendono il sopravvento, come rampicanti che avvolgono ogni cellula del nostro corpo. Tanto per cominciare, non dovremmo mai lasciarci deprimere dai problemi di un altro.

Compito Quando qualcuno vi fa arrabbiare, non tenetegli il broncio, affrontatelo e poi fate del vostro meglio per lasciarvi la questione alle spalle.

18 Dicembre

Prendimi per mano,
facciamo un compromesso.

THE FORMAT, *The Compromise*

Ogni relazione coinvolge due persone, il che significa che le idee e le opinioni di una sola non bastano a farla funzionare. Dovete lasciare all'altro lo spazio per esprimersi. Ciò non significa che dobbiate essere d'accordo su tutto, perché non sarà mai così, e in questo non c'è niente di male. Ma se non riuscite a trovare un terreno comune o un compromesso vi ritroverete soli.

Compito In caso di scontro, sforzatevi di trovare un compromesso.

19 Dicembre

Fate ciò che potete, con ciò che avete, nel posto in cui siete.

THEODORE ROOSEVELT

Tutti meritiamo rispetto e onestà. Eppure, molte delle mie amiche frequentano ragazzi che non le trattano come meritano. Questi ragazzi fanno promesse che poi non mantengono e mentono riguardo alle loro vere intenzioni. Una mia amica è uscita con un ragazzo per un mese, e gli ha confidato sin dall'inizio di essere interessata a lui e di volere una storia seria, non una avventuretta. Ma lui non si è mai impegnato, ha continuato a mantenere un atteggiamento ambiguo. Lei credeva di poterlo cambiare e di convincerlo ad amarla se avessero passato ancora un po' di tempo insieme. Come immaginerete, non ci è mai riuscita. Lui ha subito dimostrato di che pasta era fatto, ma lei, a sua volta, aveva ignorato i segnali nella speranza di avere di più.

Compito Se qualcuno non vuole o non può impegnarsi, non costringetelo. Accettate la cosa, oppure troncate.

20 Dicembre

Abbandonatevi e lasciate fare a Dio.

ANONIMO

Quando lottate contro ostacoli insormontabili, non vi resta che affidare i vostri problemi a qualcosa di più grande di voi. Che crediate in Dio, in Allah, o nel potere dell'universo, ognuno di noi ha dentro di sé una forza superiore. Rendersene conto e accettare di non poter controllare ogni aspetto della vostra vita è assai liberatorio e può portare a incredibili conquiste.

Compito Pensate alle cose cui vi tenete aggrappati con tutte le forze, fate un bel respiro e affidatele alla forza superiore che è dentro di voi.

21 Dicembre

Il cellulare non è la risposta ai vostri problemi: la risposta siete voi.

Ognuno di noi passa così tanto tempo al cellulare che a volte sembra di averlo incollato al corpo. Non voglio criticare nessuno, perché spesso commetto lo stesso errore, ma di recente ho iniziato a resistere alla tentazione di tirarlo sempre fuori. Mi sono resa conto che lo usavo come diversivo per ignorare i miei pensieri, quando invece dovrei dedicare loro più attenzione.

Compito Per oggi mettete da parte il cellulare. Quando vi viene l'impulso di giocare a un videogioco, o di guardare vecchie foto e vecchi sms, fate un respiro profondo e trovate qualcosa o qualcuno di interessante da osservare intorno a voi.

22 *Dicembre*

Rimandare è come usare una carta di credito: comodo finché non vi arriva l'estratto conto.

CHRISTOPHER PARKER

Tutti sappiamo che non dovremmo avere la tendenza a rimandare, ma tutti prima o poi lo facciamo. Più cose procrastinate, più queste si accumulano, e finirete per sentirvi impotenti e stressati.

Compito Organizzate il vostro tempo e stabilite delle priorità.

23 Dicembre

Non esiste fede senza dubbio.

ANONIMO

L'ha detto il mio pastore durante una predica e sono rimasta molto colpita dal messaggio e dalla bellezza di questa massima. Ognuno di noi attraversa momenti in cui si chiede perché siamo qui e se sta facendo la cosa giusta. Non c'è niente di male nel mettere in discussione il vostro percorso, perché significa che ci tenete veramente, e che ci riflettete sopra. Se non aveste dubbi, non ci sarebbe niente in cui avere fede.

Compito Accettate i vostri dubbi e riflettete a fondo sulle ragioni che li hanno generati.

24 Dicembre

Desiderate molto e riceverete molto.

Concedetevi di pensare a ogni singola cosa che desiderate nella vita. Se vi viene in mente qualcosa e pensate che sia troppo o che non potete ottenerlo, lasciate che quel pensiero scivoli via con la velocità con cui è arrivato.

Compito Fate un elenco di desideri, propositi e speranze per il prossimo anno.

25 Dicembre

La famiglia ci dà forza
e forma il nostro carattere.

Non sarei mai potuta arrivare dove sono senza l'amore, la fiducia e il sostegno della mia famiglia. Solo stare in loro compagnia mi dà gioia e mi fa dimenticare i miei problemi e le mie paure. Loro mi accettano con tutti i miei difetti, e io accetto loro, qualunque cosa accada.

Compito Oggi siate colmi di amore per i vostri familiari. Cercate di amarli per tutto ciò che sono ma anche per quello che non sono.

26 Dicembre

Non importa se vai piano,
l'importante è che non ti fermi.

CONFUCIO

La velocità è un concetto relativo. Alcune persone procedono velocemente, altre con maggiore lentezza. Non significa che una cosa sia meglio dell'altra; ciò che conta è continuare il cammino. Qualsiasi cosa succeda.

Compito Oggi rallentate il passo, dal momento in cui aprite gli occhi al mattino al momento in cui li chiudete la sera.

27 Dicembre

Siate forti.

Ognuno di noi nella vita combatte contro qualcosa. Mi sono resa conto che, ovunque io sia, ho uno scopo superiore; mi servo della mia voce per stimolare le persone, aiutarle ad affrontare i loro problemi e tirarle su quando sono tristi. Riesco ad affrontare ogni giornata solo grazie ai miei fan, che sono per me fonte di ispirazione e che mi incoraggiano ogni singolo giorno a essere forte.

Compito Siate forti per voi stessi e, se ve la sentite, siate forti anche per qualcun altro.

28 Dicembre

Quando i vostri problemi sono più grandi di voi, è importante chiedere aiuto.

A volte ci sentiamo sopraffatti dai nostri problemi e addirittura ne proviamo vergogna. Prima di iniziare la terapia per la bulimia e l'autolesionismo, mi nascondevo da tutti, persino da me stessa. Avevo paura di chiedere aiuto e mi vergognavo a tal punto di quello che facevo che pensavo non sarebbe mai finita. Se voi o una persona a voi cara state soffrendo o affrontando un problema serio, è importante cercare aiuto. Potreste salvare la vostra vita, o la vita di qualcuno che amate.

Compito Non nascondetevi da voi stessi e dagli altri. Cercate aiuto.

29 Dicembre

La cosa bella della pioggia
è che finisce sempre. Prima o poi.

IH-OH (L'ASINELLO DI WINNIE THE POOH)

I momenti difficili sono inevitabili. Arrivano quando meno ce li aspettiamo, quando proprio non siamo pronti. Ma è importante consolarsi con il pensiero che non durerà per sempre.

Compito Lungo il vostro percorso, dovete tenere a mente che ogni sfida vi rende più forti.

30 Dicembre

Uomo, quando perdi la capacità di ridere, perdi ogni equilibrio.

KEN KESEY

Ci saranno momenti in cui vi sentirete k.o. Dolore, depressione, delusioni, e molto altro. In questi frangenti, il senso dell'umorismo è molto importante. Cercate di ridere dei vostri problemi per non farvi schiacciare. Una risata vi aiuterà a vedere la luce nei momenti più bui. È più potente di quanto possiate immaginare.

Compito Anche quando toccate il fondo, conservate il senso dell'umorismo.

31 Dicembre

Ora diamo il benvenuto al nuovo anno,
pieno di cose che non sono ancora mai state.

RAINER MARIA RILKE

Dedicate un po' di tempo a ripensare all'anno appena trascorso. Pensate a quanto siete cresciuti, a come siete cambiati, a cosa vi piacerebbe continuare a fare, e a cosa siete pronti ad abbandonare. Gli ultimissimi giorni dell'anno sono così pieni di energia e di infinite possibilità di cambiamento che la cosa migliore è fermarsi un attimo e riflettere.

Compito Elencate tutti i progressi fatti quest'anno.

Ringraziamenti

Grazie a tutto il personale di CAST Recovery, Philymack, Inc., Derris and Company, Macmillan, CAA, Hertz, Lichtenstein & Young, the Nordlinger Group, e a tutte le altre persone che mi hanno sostenuto. Un ringraziamento speciale ad Anna Roberto, Jean Feiwel e Rachel Fleischer. Un grazie e un abbraccio per il loro sostegno ai miei meravigliosi amici e familiari... sapete a chi mi riferisco!

Arnoldo Mondadori Editore S.p.A.

Questo volume è stato stampato
presso ELCOGRAF S.p.A.
Stabilimento - Cles (TN)

Stampato in Italia - Printed in Italy